目　　次

		頁
第1	総　　　　説	1
第2	一　般　会　計	2
（A）	歳　　　　出	3
（B）	歳　　　　入	35
第3	特　別　会　計	47
第4	政　府　関　係　機　関	66
第5	財　政　投　融　資	67

付　表

1　令和6年度一般会計歳入歳出予算補正(第1号)経常部門及び投資部門区分表 …………………………………………………… 69
2　令和6年度一般会計歳入歳出予算補正(第1号)額調 ………………… 71
3　令和6年度特別会計歳入歳出予算補正(特第1号)額調 ……………… 74
4　消費税の収入(国分)及び消費税の収入(国分)が充てられる経費 ……… 77

第1 総説

　令和6年度補正予算(第1号、特第1号及び機第1号)は、令和6年11月22日に閣議決定された「国民の安心・安全と持続的な成長に向けた総合経済対策」を実施するために必要な経費の追加等を行う一方、歳入面において、最近までの収入実績等を勘案して租税及印紙収入の増収を見込むとともに、前年度剰余金の受入や公債金の増額等を行うことを内容とするものである。

1　一般会計における歳出の追加事項は、(1)日本経済・地方経済の成長～全ての世代の現在・将来の賃金・所得を増やす～5,750,454百万円、(2)物価高の克服～誰一人取り残されない成長型経済への移行に道筋をつける～3,389,667百万円、(3)国民の安心・安全の確保～成長型経済への移行の礎を築く～4,790,902百万円であり、これらの総合経済対策に対応する追加額は合計13,931,023百万円である。このほか、その他の経費を176,799百万円、国債整理基金特別会計へ繰入を425,891百万円、地方交付税交付金を1,039,843百万円、それぞれ増額することとしている。

　(注)　地方交付税交付金は、総合経済対策を実施するために必要な経費分792,600百万円と合わせて、全体で1,832,443百万円である。

　他方、既定経費の減額として1,630,270百万円の修正減少を行うこととしているので、今回の補正による一般会計の歳出総額の増加は13,943,285百万円となる。

　次に、歳入については、最近までの収入実績等を勘案し、租税及印紙収入3,827,000百万円の増収を見込むとともに、前年度剰余金受入1,559,490百万円(うち令和5年度の「財政法」(昭22法34)第6条の純剰余金851,782百万円)を計上するほか、税外収入1,866,795百万円の増収を見込み、公債金については6,690,000百万円を増額することとしている。なお、この公債金の増額は、「財政法」(昭22法34)第4条第1項ただし書の規定による公債の増発3,080,000百万円と、「財政運営に必要な財源の確保を図るための公債の発行の特例に関する法律」(平24法101)第3条第1項の規定による公債の増発3,610,000百万円を合わせたものである。この結果、公債依存度は33.3％(当初予算31.5％)となる。

2　特別会計予算においては、11特別会計について、所要の補正を行うこととしている。
3　政府関係機関予算においては、株式会社日本政策金融公庫について、所要の補正を行うこととしている。
4　なお、一般会計及び特別会計において、所要の国庫債務負担行為の追加を行うこととしている。

第2　一般会計

令和6年度一般会計歳入歳出予算は、今回の予算補正によって次のとおりとなる。

	歳　出(百万円)	歳　入(百万円)
成立予算額	112,571,688	112,571,688
追加額	15,573,556	13,943,643
修正減少額	△ 1,630,270	△ 358
差引額	13,943,285	13,943,285
改予算額	126,514,974	126,514,974

今回の歳入歳出の補正の内訳は、次のとおりである。

(単位　百万円)

歳出の補正		歳入の補正	
日本経済・地方経済の成長～全ての世代の現在・将来の賃金・所得を増やす～	5,750,454	租税及印紙収入	3,827,000
物価高の克服～誰一人取り残されない成長型経済への移行に道筋をつける～	3,389,667	税外収入	1,866,795
国民の安心・安全の確保～成長型経済への移行の礎を築く～	4,790,902	公債金	6,690,000
小　計	13,931,023	公債金	3,080,000
その他の経費	176,799	特例公債金	3,610,000
国債整理基金特別会計へ繰入	425,891	前年度剰余金受入	1,559,490
地方交付税交付金	1,039,843		
追加額計	15,573,556		
既定経費の減額	△ 1,630,270		
合　計	13,943,285	合　計	13,943,285

（A） 歳　　　出

1　日本経済・地方経済の成長～全ての世代の現在・将来の賃金・所得を増やす～

　追　　加　　　5,750,454(百万円)

（1）　賃上げ環境の整備
　　～足元の賃上げに向けて～

　追　　加　　　912,725(百万円)

①　最低賃金の引上げ

　追　　加　　　40,939(百万円)

　上記の追加額は、中小企業・小規模事業者の最低賃金引上げの後押し等に必要な経費であって、その内訳は次のとおりである。

（単位　百万円）

項目	金額
最低賃金の引上げに向けた中小企業・小規模事業者支援事業費	29,739
事業環境変化対応型支援事業費	11,200
計	40,939

②　持続的・構造的賃上げに向けた価格転嫁等の取引適正化の推進

　追　　加　　　10,366(百万円)

（イ）　価格転嫁対策の強化等

　追　　加　　　10,085(百万円)

　上記の追加額は、中小企業・小規模事業者が適切な価格転嫁を実施できる取引環境の整備等に必要な経費であって、その内訳は次のとおりである。

（単位　百万円）

項目	金額
物流効率化等推進事業費	7,997
建設産業・不動産業の生産性向上のための市場環境整備等事業費	920
中小企業取引対策事業費	834
ビッグデータ活用分析調査事業費	90
フリーランス・事業者間取引適正化推進事業費	75
価格転嫁円滑化に関する調査事業費	71
価格転嫁対策等広報強化経費	43
自動車整備業賃上げ促進調査費	33
違反行為防止調査費	23
計	10,085

（ロ）　クリエイター支援

　追　　加　　　281(百万円)

　上記の追加額は、クリエイターが安心して持続的に働けるよう、取引慣行を是正するために必要な経費であって、その内訳は次のとおりである。

（単位　百万円）

項目	金額
放送コンテンツ等のネット配信の促進に関する調査研究費	100
分野横断権利情報検索システム等構築事業費	98
放送コンテンツ製作取引における相談・紛争解決促進事業費	42
クリエイター支援のための取引適正化調査事業費	40
計	281

③　省力化・デジタル化投資の促進

　追　　加　　　479,942(百万円)

　上記の追加額は、中小企業の大規模設備投資、高付加価値化のための設備投資、ＩＴ導入等の支援や、地方においても賃上げが広がるよう、中堅・中小企業による工場等の拠点の新設や大規模な設備投資の支援に必要な経費であって、その内訳は次のとおりである。

（単位　百万円）

項目	金額
中小企業生産性革命推進事業費	339,986
中堅・中小企業の賃上げに向けた省人化等大規模成長投資促進補助金	139,956
計	479,942

④　人への投資の促進及び多様な人材が安心して働ける環境の整備

　追　　加　　　370,300(百万円)

（イ）　三位一体の労働市場改革の推進等

　追　　加　　　3,008(百万円)

　上記の追加額は、産学官連携によるリカレント教育プログラムの実施の支援等に必要な経費であって、その内訳は次のとおりである。

（単位　百万円）

項目	金額
リカレント教育エコシステム構築支援事業費	2,054
地域金融機関取引事業者支援高度化事業費	472

認定日本語教育機関活用促進事業費	352
特定受託業務従事者就業環境整備事業費	93
職務に応じた報酬水準の在り方等に係る調査研究事業費	14
国家公務員の学び・学び直し環境構築のための調査研究事業費	11
勤務間インターバル制度等調査研究事業費	9
ゼロ・ハラスメントの実現に向けた相談体制強化事業費	3
計	3,008

(ロ) 医療・介護・障害福祉分野における生産性向上・職場環境改善等

追　　加　　　　　　278,700(百万円)

上記の追加額は、医療・介護・障害福祉分野の生産性向上・職場環境改善等による更なる賃上げ等の支援等に必要な経費であって、その内訳は次のとおりである。

（単位　百万円）

人口減少や医療機関の経営状況の急変に対応する緊急的な支援パッケージ事業費	131,120
介護人材確保・職場環境改善等に向けた総合対策事業費	110,311
障害福祉人材確保・職場環境改善等に向けた総合対策事業費	37,269
計	278,700

(ハ) 政府職員等の賃上げ環境の整備

追　　加　　　　　　88,592(百万円)

上記の追加額は、政府職員等の賃上げ環境の整備を図るため、一般職の国家公務員の給与について、6年8月8日に行われた人事院勧告にかんがみ、俸給表、期末手当等の改善を6年4月1日から行うとともに、特別職の国家公務員の給与についてもおおむね上記一般職の給与改善の趣旨に沿ってその改善を行い、補助職員及び賃金職員の給与改善についても所要の財源措置を講ずること等に伴い必要となる経費である。

⑤　中堅・中小企業の経営基盤の強化・成長の支援

追　　加　　　　　　11,178(百万円)

上記の追加額は、中小企業等の経営改善・事業再生等の支援、M&A及び事業承継の環境整備、リスクマネー供給等を実施するために必要な経費であって、その内訳は次のとおりである。

（単位　百万円）

中小企業活性化・事業承継総合支援事業費	6,068
100億企業育成ファンド出資金	3,000
沖縄振興開発金融公庫補給金	1,516
生活衛生関係営業物価高騰等対応・経営支援事業費	595
計	11,178

(2) 新たな地方創生施策（「地方創生2.0」）の展開

～全国津々浦々の賃金・所得の増加に向けて～

追　　加　　　　　　1,840,609(百万円)

① 「新しい地方経済・生活環境創生本部」による新たな地方創生の起動

追　　加　　　　　　890,884(百万円)

上記の追加額は、地方経済の活性化及び地方の生活環境の改善や、日常生活に不可欠なサービスの維持向上など、安心して働き、暮らせる生活環境の創生、また付加価値創出型の新しい地方経済の創生やデジタル新技術の徹底活用の取組に必要な経費であって、その内訳は次のとおりである。

（単位　百万円）

地方交付税の増額	792,600
新しい地方経済・生活環境創生交付金	91,000
先導的人材マッチング事業費	2,000
地方大学・地域産業創生交付金	1,200
地域デジタル化支援促進事業費	950
地域産品の海外展開のための潜在需要調査等事業費	950
スーパーシティ構想等推進事業費	800
デジタル実装計画策定支援事業費	320
広域連携による市町村事務の共同実施モデル構築事業費	263

項目	金額(百万円)
データ分析評価プラットフォーム整備事業費	160
地方創生に関する国民との信頼と対話事業費	150
デジタル実装フォローアップ調査事業費	112
地方創生ＳＤＧｓ推進事業費	60
ＳＤＧｓ自治体施策支援補助金	50
地方創生2.0基本戦略支援事業費	41
地域企業における女性副業・兼業人材活用促進事業費	40
オープンデータ利活用普及促進事業費	34
自治体のデジタルサービス実装に向けた調査研究事業費	33
地域再生計画認定等事業費	30
地方創生2.0広報事業費	30
エビデンスに基づいた規制・制度改革の推進に係る調査事業費	22
デジ創塾事業費	20
地域の多様な主体の連携及び協働の推進に向けた調査等経費	20
計	890,884

② 農林水産業の持続可能な成長及び食料安全保障の強化

追　　加　　　　　527,773（百万円）

上記の追加額は、本年5月に改正された「食料・農業・農村基本法」（平11法106）に基づく食料安全保障の確保等に向けた、農林水産業・食品産業の生産基盤の強化、安定的な輸入と備蓄の確保など、食料システム全体が持続的に発展し、活力ある農村を後世へ引き継げるようにするための施策の充実・強化等に必要な経費であって、その内訳は次のとおりである。

（単位　百万円）

項目	金額
農業農村整備事業	92,087
森林整備事業	30,501
水産基盤整備事業	4,000
畑地化促進事業費	45,000
新基本計画実装・農業構造転換支援事業費	40,000
畜産・酪農収益力強化整備等特別対策事業費	30,100
漁業収入安定対策事業費	22,500
水産業競争力強化緊急事業費	22,197
食料安定供給特別会計の運営基盤の強化に要する経費	20,000
畑作物産地形成促進事業費	16,000
林業・木材産業国際競争力強化総合対策事業費	15,352
株式会社日本政策金融公庫補給金	12,523
食肉等流通構造高度化・輸出拡大事業費	12,267
産地生産基盤パワーアップ事業費	11,000
スマート農業・農業支援サービス事業導入総合サポート緊急対策事業費	10,000
国産牛乳乳製品の需要拡大・競争力強化対策事業費	9,200
家畜伝染病・家畜衛生対策費	8,988
機構集積協力金交付緊急対策事業費	8,000
グローバル産地生産流通基盤強化緊急対策事業費	6,933
担い手経営発展支援金融対策事業費	6,927
国内肥料資源利用拡大対策事業費	6,390
畜産生産性向上等緊急支援対策事業費	6,382
新市場開拓プロジェクト事業費	6,349
糖価調整緊急対策交付金	6,000
畑作物産地生産体制確立・強化緊急対策事業費	5,829
農産物等輸出拡大施設整備事業費	5,500
新規就農者確保緊急円滑化対策事業費	5,416
スマート農業技術開発・供給加速化緊急総合対策費	5,359
鳥獣被害防止総合対策交付金	5,300
国産小麦・大豆供給力強化総合対策事業費	5,008
持続的な食料システム確立緊急対策事業費	4,721
みどりの食料システム戦略緊急対策事業費	3,828
鶏卵生産者経営安定対策事業費	3,300
国産飼料生産・利用拡大緊急対策事業費	3,000
持続可能な食品等流通緊急対策事業費	2,973
担い手確保・経営強化支援事業費	2,707
米粉需要創出・利用促進対策事業費	2,000
ムーンショット型研究開発事業費	2,000
燃油・資材の森林由来資源への転換等対策事業費	1,700

事業名	金額
養殖業体質強化緊急総合対策事業費	1,612
畜産物輸出コンソーシアム推進対策事業費	1,500
加工施設再編等緊急対策事業費	1,454
中山間地域等対策事業費	1,405
輸出ターゲット国における輸出支援体制の確立緊急対策事業費	1,308
雇用就農緊急対策事業費	1,275
サプライチェーン連結強化緊急対策事業費	1,014
革新的新品種開発加速化緊急対策費	980
輸出環境整備緊急対策事業費	975
海洋環境の変化に対応した漁場保全緊急対策事業費	721
特定水産物供給平準化事業費	700
森林病害虫等被害拡大防止緊急対策事業費	663
国産野菜サプライチェーン連携強化緊急対策事業費	630
円滑な価格転嫁に向けた適正取引推進・消費者理解醸成対策事業費	600
重要病害虫侵入・まん延防止事業費	589
不漁に対応した操業体制緊急構築実証事業費	500
食品アクセス確保緊急支援事業費	500
不測時に備えた食料供給体制の構築事業費	470
漁業担い手確保緊急支援事業費	450
輸出物流構築緊急対策事業費	450
水産資源調査・評価緊急推進事業費	390
食品ロス削減緊急対策事業費	290
スマート水産業推進緊急事業費	262
野菜種子安定供給緊急対策事業費	238
海業振興緊急支援事業費	200
総合的な備蓄等の取組推進事業費	195
フードテックを活用した海外展開支援等事業費	181
シカによる森林被害緊急対策事業費	160
農林水産統計の効率化手法の検証等に関する調査研究	152
2025年国際博覧会政府出展事業費	134
食品産業の国際競争力強化緊急対策事業費	128
食料等安定輸入体制確立緊急対策事業費	100
さけ増殖資材緊急開発事業費	100
漁業・水産流通業資材調査事業費	39
外食産業課題対応緊急対策事業費	38
農業機械の安全教育実施体制緊急整備事業費	35
計	527,773

③ 地域の生活環境を支える基幹産業等の活性化

追　　加　　　　　300,213(百万円)

（イ）医療・介護等

追　　加　　　　　25,921(百万円)

上記の追加額は、医療機関の維持が困難な地域における診療所の承継又は開業への支援等に必要な経費であって、その内訳は次のとおりである。

（単位　百万円）

事業名	金額
重点医師偏在対策支援区域（仮称）における診療所の承継・開業支援事業費	10,161
地域少子化対策重点推進交付金	8,300
介護福祉士修学資金等貸付事業費	4,076
民間企業等と連携した若い世代のライフデザイン支援事業費	700
介護テクノロジー開発等加速化事業費	583
介護人材確保・定着支援事業費	557
プレコンセプションケア推進事業費	496
遠隔ＩＣＵ体制整備促進事業費	270
大学における恒久定員内地域枠設置促進事業費	200
特定行為実施体制推進事業費	166
医師偏在是正広域マッチング事業費	161
医療インバウンドに係る調査・実証事業費	115
総合診療医養成推進事業費	107
へき地医療拠点病院運営事業費	29
計	25,921

（ロ）物　流・交　通

追　　加　　　　　185,559(百万円)

上記の追加額は、物流の効率化を促すとともに、地域交通の利便性、生産性及び持

続可能性を高めるための地域交通のリ・デザインに係る取組や、道路ネットワークの戦略的・計画的な整備等に必要な経費であって、その内訳は次のとおりである。

(単位　百万円)

道 路 整 備 事 業	58,969
港湾空港鉄道等整備事業費	20,432
港 湾 整 備 事 業	14,078
都市・幹線鉄道整備事業	6,355
道 路 環 境 整 備 事 業	22,613
社会資本総合整備事業費	32,617
社会資本整備総合交付金	28,283
防 災 ・ 安 全 交 付 金	4,334
地域公共交通確保維持改善事業費	32,600
ＥＴＣ2.0の利用促進に資する高速道路料金割引	7,757
地域の移動課題解決に向けた自動運転サービス開発・実証支援事業費	6,999
持続可能な物流を支える物流効率化実証事業費	2,300
独立行政法人海技教育機構運営費交付金	697
商用電動車性能評価等調査費	250
独立行政法人海技教育機構施設整備費	150
独立行政法人海技教育機構船舶建造費	55
外国人材受入環境整備調査費	39
ビッグデータ活用旅客流動分析調査費	33
自家用車活用事業等調査費	30
ドライバーシェア推進調査費	19
計	185,559

(ハ)　小売・サービス

追　　　加　　　　　　　182(百万円)

上記の追加額は、暮らしを支える買物環境を維持するための拠点整備や人口減少地域における買物サービスの確保に向けた調査研究等に必要な経費であって、その内訳は次のとおりである。

(単位　百万円)

高粒度データの整備・利活用推進事業費	88
買物サービス確保のための地域・民間事業者連携に関する調査研究費	50
地域金融機関による事業者支援促進事業費	44
計	182

(ニ)　観　　　光

追　　　加　　　　　58,224(百万円)

上記の追加額は、観光立国を目指し、2030年までに、訪日外国人旅行者数を6,000万人、訪日外国人旅行消費額を15兆円とする目標の達成に向けた取組等に必要な経費であって、その内訳は次のとおりである。

(単位　百万円)

地域一体となった観光地再生・高付加価値化事業費	30,000
オーバーツーリズムの未然防止・抑制による持続可能な観光推進事業費	15,820
地方誘客促進によるインバウンド拡大支援事業費	8,000
出入国審査体制強化経費	1,272
民族共生象徴空間誘客推進事業費	1,017
地方空港等受入環境整備事業費	610
国立公園利用等推進事業費	465
道 路 整 備 事 業	440
独立行政法人航空大学校運営費交付金	401
独立行政法人航空大学校施設整備費	97
野生生物保護管理施設整備費	94
航空機操縦士等女性活躍推進調査費	9
計	58,224

(ホ)　まちづくり

追　　　加　　　　　30,327(百万円)

上記の追加額は、民間事業者と地方公共団体が連携して行う都市機能や居住環境の向上に資する公共公益施設の誘導・整備、都市の骨格となる公共交通ネットワークの確保等に必要な経費であって、その内訳は次のとおりである。

(単位　百万円)

都 市 環 境 整 備 事 業	11,024
公園水道廃棄物処理等施設整備費	2,934
上 下 水 道 事 業	1,176
工 業 用 水 道 事 業	200
国 営 公 園 等 事 業	1,558

	（単位　百万円）
社会資本整備総合交付金	7,672
社会資本整備円滑化地籍整備事業費	347
地域経済循環創造事業費	2,110
日本産酒類輸出促進等緊急支援事業費	1,399
国有地の活用を通じた社会福祉施設等の整備に係る建物解体撤去等経費	835
国土形成計画の推進による地域活性化事業費	680
奄美群島振興交付金	550
小笠原諸島振興開発事業費	480
大学等と地域が連携して取り組む地域課題解決プロジェクト推進事業費	280
離島活性化交付金	250
地域資源等を活用した地方都市等の再生推進事業費	250
半島振興連携促進調査費	230
地籍調査経費	200
集約都市形成支援事業費	200
民間資金等活用事業調査費補助金	179
官民連携社会資本整備等推進事業費	159
地域おこし協力隊推進事業費	145
独立行政法人酒類総合研究所施設整備費	133
豪雪地帯安全確保緊急対策交付金	100
地域活性化起業人制度推進調査費	95
独立行政法人酒類総合研究所運営費交付金	55
スマートシティ実装化支援事業費	20
計	30,327

④　文化芸術・スポーツ及びコンテンツ産業の振興

追　　　加　　　　　　62,423（百万円）

　上記の追加額は、文化芸術・スポーツ及びコンテンツ産業の振興に向けた、国立劇場再整備や文化芸術分野のクリエイター等支援等に必要な経費であって、その内訳は次のとおりである。

	（単位　百万円）
国立劇場再整備費	20,000
文化芸術分野のクリエイター等支援事業費	19,000
文化財保存・活用支援事業費	18,743
海外展開推進に向けた放送コンテンツの配信実証・製作促進事業費	2,128
舞台芸術等デジタルアーカイブ化推進事業費	654
地域伝統行事等支援事業費	568
ＡＩを活用した海賊版サイトの検知・分析実証事業費	297
クールジャパン地方創生推進事業費	220
スポーツエンターテインメント・コンテンツの海外展開支援事業費	201
パラスポーツ体験イベントの実施等に要する経費	107
メディア芸術ナショナルセンター(仮称)機能強化事業費	104
アイヌ文化発信事業費	100
国立文化財修理センター施設整備費	96
文化芸術のデジタル基盤強化・活用促進事業費	80
読書活動総合推進事業費	49
2025年国際博覧会における食文化振興事業費	45
宗務行政におけるデジタル化推進事業費	31
計	62,423

⑤　大阪・関西万博の推進

追　　　加　　　　　　59,316（百万円）

　上記の追加額は、大阪・関西万博の会場整備、出展・展示の準備、国内外の機運醸成等に必要な経費であって、その内訳は次のとおりである。

	（単位　百万円）
2025年国際博覧会事業費	51,087
国際園芸博覧会事業費（農林水産省分）	3,695
2025年国際博覧会の機運醸成に向けた広報等事業費	2,205
市街地整備事業	1,827
2025年国際博覧会におけるスポーツへの参加促進等のための情報発信事業費	224
国際園芸博覧会事業費（国土交通省分）	142
2025年国際博覧会ＳＤＧｓ教育プログラム事業費	50
2025年国際博覧会認知症情報発信準備事業費	44
インバウンド促進に向けた2025年国際博覧会の機運醸成に要する経費	41
計	59,316

（3）「投資立国」及び「資産運用立国」の実現

～将来の賃金・所得の増加に向けて～

追　　　加　　　2,997,120(百万円)

① 潜在成長率を高める国内投資の拡大

追　　　加　　　2,977,629(百万円)

（イ）　科学技術の振興及びイノベーションの促進

追　　　加　　　254,688(百万円)

（ⅰ）　先端的なプロジェクトや、大学等における最先端研究・教育設備の導入等を支援

追　　　加　　　179,282(百万円)

　上記の追加額は、産学官の国際競争力を強化するための大型研究施設の開発・整備・高度化、量子コンピュータの実用化に向けた研究開発等のために必要な経費であって、その内訳は次のとおりである。

（単位　百万円）

項目	金額
量子コンピュータの産業化に向けた開発の加速及び環境整備に要する経費	51,848
フュージョンエネルギーの実現に向けた研究開発に要する経費	19,412
国立大学等における教育研究基盤設備の整備等に要する経費	17,998
特定放射光施設「SPring-8」の高度化に要する経費	17,031
国家的・社会的に重要な超先端重要技術研究推進基盤整備費	14,243
持続的研究活動推進事業費	10,250
国立大学法人施設整備費	9,049
国立研究開発法人等の施設・設備等機能強化事業費	8,718
スーパーコンピュータ（ポスト「富岳」）の開発事業費	6,935
独立行政法人国立高等専門学校機構船舶建造費	5,525
科学研究費助成事業費	5,225
高度医療人材養成事業費	5,000
独立行政法人国立高等専門学校機構設備整備費	2,736
量子暗号通信網の早期社会実装に向けた研究開発事業費	1,500
私立学校施設整備費補助金	1,141
半導体人材育成拠点形成事業費	1,000
特定放射光施設「NanoTerasu」の機能強化に要する経費	840
私立大学等研究設備整備費等補助金	500
日本科学未来館における科学コミュニケーション機能強化に要する経費	333
計	179,282

（ⅱ）　創薬支援・後発医薬品安定供給支援

追　　　加　　　69,864(百万円)

　上記の追加額は、創薬クラスターの発展に向けた支援、医学系研究者の研究活動と研究環境改善に係る取組の支援、後発医薬品の安定供給に向けた生産性向上への支援等に必要な経費であって、その内訳は次のとおりである。

（単位　百万円）

項目	金額
医学系研究支援プログラムに要する経費	13,383
がん・難病全ゲノム解析等推進事業費	11,358
再生・細胞医療・遺伝子治療製造設備の整備に要する経費	10,004
創薬クラスターキャンパス整備事業費	7,000
後発医薬品の産業構造改革のための支援事業費	7,000
バイオ後続品の国内製造施設整備のための支援事業費	6,500
創薬力の向上等に向けた健康・医療分野の研究基盤整備費	4,710
創薬エコシステム発展支援事業費	3,000
医薬品安定供給体制緊急整備事業費	2,010
新規モダリティ対応ヒト初回投与試験体制整備等事業費	786
医療機器の創出に係る産業振興拠点強化事業費	773
臨床研究データベースシステム改修等経費	465
医薬品安定供給・流通確認システムの開発事業費	445
抗菌薬安定確保事業費	363
再生医療等実用化基盤整備促進事業費	304
次の感染症危機に備えた治療薬等の研究開発事業費	300
国際共同治験ワンストップ相談窓口事業費	267
重点感染症の感染症機器管理医薬品等開発支援事業費	200

項目	金額
医薬品・医療機器等製品データベース構築事業費	192
感染症危機管理体制の強化に向けた研究事業費	155
医療機器基本計画に関する調査研究事業費	137
医薬品供給リスク等調査及び分析事業費	85
医療機器等サプライチェーンリスク評価等事業費	80
大麻由来製品による生活の質の維持等に関する研究事業費	70
創薬力向上の進捗状況フォローアップに係る調査研究事業費	65
未承認薬等迅速解消促進調査事業費	57
医薬品安定供給支援事業費	51
臨床研究法推進事業費	45
再生医療等提供情報管理システム改修等経費	31
小児医薬品開発ネットワーク支援事業費	25
計	69,864

（ⅲ）そ の 他

追　　　加　　　5,542（百万円）

　上記の追加額の内訳は、次のとおりである。

（単位　百万円）

項目	金額
国際標準化戦略上重要な標準化活動の加速化支援経費	2,993
ハイパフォーマンス・サポート事業費	705
国立高度専門医療研究センター運営費交付金	634
国立研究開発法人国立環境研究所施設整備費	600
国立高度専門医療研究センター施設整備費	284
国際標準化戦略策定調査費	215
エビデンスに基づくＥＢＰＭ推進事業費	90
放射線同位元素の製造・利用に係る実態調査費	21
計	5,542

（ロ）フロンティアの開拓

追　　　加　　　387,550（百万円）

　上記の追加額は、宇宙分野の技術開発、実証、商業化への支援等並びに海洋分野のより精度の高い調査、資源開発、海洋状況把握等に必要な経費であって、その内訳は次のとおりである。

（単位　百万円）

項目	金額
宇宙開発支援基金事業費	300,000
国際宇宙探査「アルテミス計画」に向けた研究開発に要する経費	43,926
基幹ロケット・人工衛星の研究開発等経費	16,042
準天頂衛星システム開発加速等に要する経費	13,693
海洋調査観測研究の推進に要する経費	5,230
宇宙開発利用推進費	5,000
深海鉱物資源（レアアース泥）の確保等に向けた革新的技術の実証に要する経費	2,671
海洋開発等重点戦略に基づく海洋政策の緊急加速化事業費	679
データ統合・解析システムのサーバ整備に要する経費	310
計	387,550

（ハ）ＤＸの推進

追　　　加　　　2,012,878（百万円）

（ⅰ）教　　　育

追　　　加　　　41,181（百万円）

　上記の追加額は、ＧＩＧＡスクール構想第２期を推進するため、児童生徒１人１台端末の更新に要する費用に充てるための基金の造成等に必要な経費であって、その内訳は次のとおりである。

（単位　百万円）

項目	金額
学習者用コンピュータ等整備費	23,412
高等学校等ＤＸ加速化推進事業費	7,620
ＧＩＧＡスクール構想支援体制整備事業費	5,996
地域未来人材の育成に資する民間サービス等利活用促進事業費	1,508
ＡＩを活用した英語教育強化事業費	618
教育ＤＸを支える基盤的ツールの整備・活用に要する経費	597
生成ＡＩを活用した教育課題解決に向けた実証研究事業費	594
教科書検定システム構築事業費	247
学校ＩＣＴ活用推進事業費	207
日本語教育機関認定等業務に係るポータルサイト改修支援事業費	104
在外教育施設における端末整備のためのＩＣＴ技術者派遣に要する経費	99

項目	金額
リカレント教育サイト改修経費	82
社会事業学校遠隔教育環境整備事業費	51
専門学校における電子申請システム構築に要する経費	47
計	41,181

(ⅱ) 医療・介護

追　　　加　　　　122,723(百万円)

上記の追加額は、医療・介護ＤＸを推進するため、マイナ保険証の利用促進や、「全国医療情報プラットフォーム」の構築等のために必要な経費であって、その内訳は次のとおりである。

（単位　百万円）

項目	金額
マイナンバーカードの健康保険証利用促進事業費	35,305
電子処方箋の普及促進・環境整備事業費	12,298
公費負担医療制度等オンライン資格確認導入支援等事業費	11,271
介護関連データ利活用基盤構築事業費	10,702
共通算定モジュール開発等事業費	9,432
予防接種事務デジタル化等事業費	8,816
全国医療情報プラットフォーム開発事業費	6,022
介護保険制度の運用等に必要なシステム整備事業費	5,921
ＮＤＢデータ利活用推進事業費	2,530
全国医療・薬局機能高度化推進事業費	2,098
電子カルテ情報共有サービスの運用に向けた環境整備事業費	1,990
介護ＤＸを利用した抜本的現場改善事業費	1,935
医療機関等情報支援システム改修等経費	1,558
予防・健康づくり分野における先端技術を活用した社会課題解決サービス開発促進事業費	1,400
医療機関におけるサイバーセキュリティ確保事業費	1,304
人工知能を活用した創薬指向型・患者還元型・リアルタイム情報プラットフォーム構築等事業費	1,292
自治体検診ＤＸ推進事業費	1,043
介護保険資格確認等ＷＥＢサービス構築事業費	993
デジタルヘルスケア開発・導入加速化事業費	921
医療費助成・予防接種・母子保健等に係る情報連携システム（ＰＭＨ）整備事業費	762
感染症システムの改修等経費	741
健康・医療・介護分野デジタル化推進事業費	679
難病対策の推進のための患者データ登録整備事業費	591
保健医療情報拡充システム開発事業費	554
次世代病院情報システムの運用性に関わる検証及び標準コードの適格管理体制の在り方等研究開発事業費	500
介護ＤＸ関係工程管理支援事業費	369
障害者自立支援医療のオンライン資格確認導入事業費	301
科学的介護情報システム整備等事業費	253
医療情報データベース機能強化事業費	241
がん登録推進のためのシステム改修経費	166
介護分野における経営状況に関するデータベース整備等事業費	163
医療扶助等ＤＸ推進調査研究事業費	155
ケアプランデータ連携システム構築事業費	95
保健医療分野の電子署名基盤整備事業費	90
介護保険システム基盤標準化推進事業費	88
介護保険事業状況報告システム改修事業費	49
自治体保健師能力向上推進等事業費	38
地域医療情報連携ネットワーク調査事業費	30
医療機器サイバーセキュリティ対応推進事業費	20
外国人介護人材定着支援システム改修事業費	10
計	122,723

(ⅲ) 建設・建築

追　　　加　　　　8,030(百万円)

上記の追加額は、「建築・都市のＤＸ」の一体的な推進や、インフラ分野のＤＸに向けた基盤インフラ整備の推進等のために必要な経費であって、その内訳は次のとおりである。

（単位 百万円）
治水事業	2,115
住宅都市環境整備事業費	1,011
住宅対策	500
市街地整備事業	511
地理空間情報等の充実・高度活用のための推進事業費	2,523
ＤＸ環境整備によるインフラ分野のＤＸ推進費	1,834
不動産市場環境整備等推進調査費	547
計	8,030

（ⅳ） 物流・交通

追　加　　15,134(百万円)

上記の追加額は、物流・交通分野のＤＸ推進や、デジタルライフラインの社会実装のために必要な経費であって、その内訳は次のとおりである。

（単位 百万円）
道路整備事業	5,970
港湾整備事業	1,250
地域の社会課題解決に向けたデジタルライフライン整備加速事業費	5,796
自動運転の社会実装に向けたデジタルインフラ基盤の実証等事業費	1,000
自動車運送業行政手続オンライン化推進調査費	217
港湾の生産性向上に資する技術開発推進費	215
船舶産業製造工程最適化推進事業費	201
独立行政法人自動車技術総合機構施設整備費	165
整備新幹線建設推進高度化等事業費(青函共用走行調査等)	133
内航海運輸送力向上事業費	80
造船業人材確保・育成推進調査費	54
自動運航船普及推進調査費	29
国際物流の多元化・強靱化調査事業費	25
計	15,134

（ⅴ） 防災

追　加　　2,362(百万円)

上記の追加額は、災害情報の全体把握や被災者支援の充実等に向けた新総合防災情報システムの機能拡充等に必要な経費であって、その内訳は次のとおりである。

（単位 百万円）
新総合防災情報システム機能拡張等業務経費	1,397
津波浸水被害推計システム改修業務経費	670
防災ＩｏＴシステム機能拡張等業務経費	200
地震被害早期評価システム推計精度改善調査検討等業務経費	65
次期物資調達・輸送調整等支援システム機能拡張業務経費	30
計	2,362

（ⅵ） 国・地方のデジタル化

追　加　　341,705(百万円)

上記の追加額は、ガバメントクラウドの整備並びに地方公共団体の情報システムの標準化・共通化及びガバメントクラウド移行の支援等のために必要な経費であって、その内訳は次のとおりである。

（単位 百万円）
マイナンバーカードの普及及び利便性向上に要する経費	123,693
税務行政のＤＸ推進費	39,344
地方公共団体情報システム標準化・共通化推進事業費	19,478
ガバメントソリューションサービス整備プロジェクトの加速化事業費	18,584
インフラ・交通等の分野におけるＤＸ推進事業費	13,131
国保関連システム改修等経費	12,102
法務行政及び刑事手続・民事裁判手続デジタル化推進費	10,436
厚生労働行政デジタル化支援等事業費	7,778
地域社会ＤＸ推進パッケージ事業費	7,399
マイナポータル整備事業費	7,090
財務省行政のＤＸ推進費	6,287
農林水産行政のデジタル化推進事業費	5,754
警察行政デジタル化推進費	5,572
障害者自立支援給付審査支払等システム改修経費	5,526
経済産業行政におけるデジタル化推進費	5,005
文部科学行政におけるＤＸ推進費	4,306
国内刊行図書のデジタル化推進事業費	3,113

事業名	金額
後期高齢者医療広域連合電算処理システム等改修事業費	2,617
e－Gov及び審査支援サービス等利用拡大整備事業費	2,603
ガバメントクラウド利用促進事業費	2,372
マイナンバーカード機能のスマートフォンへの搭載事業費	2,250
生活保護業務関係システム改修経費	2,044
保険医療機関等管理システム改修等経費	1,725
地方公共団体のガバメントクラウド活用事業費	1,582
国土交通行政におけるDX推進費	1,398
補助金申請システム改修事業費	1,350
政府職員等基幹データ管理システム等開発事業費	1,250
総務省行政におけるデジタル化推進費	1,244
統計調査集計等システム改修事業費	1,103
行政文書の電子的管理を実現するための新EASY（仮称）整備等事業費	1,090
首相官邸ホームページ機能等改修事業費	1,076
自治体窓口業務改革支援事業費	1,010
公共サービスメッシュ整備事業費	965
国家公務員の人事管理デジタル化事業費	942
第4次人事・給与関係業務情報システム設計・構築事業費	910
給付支援サービス環境構築事業費	845
国・地方ネットワーク検討事業費	750
共通情報検索システム機能向上及び技術実証等改修事業費	725
情報提供ネットワークシステム改修事業費	720
出産費用情報提供推進等経費	695
ベース・レジストリ整備・利用促進事業費	677
医療費供給面統計システム等改修経費	669
支援給付システム改修事業費	648
国家資格等情報連携・活用システムとの連携に向けたシステム改修等経費	626
政府共通決済基盤における国庫納付機能実装整備事業費	620
教員関係情報システム改修経費	605
政治資金・政党助成関係申請・届出オンラインシステム改修等経費	582
旅費等内部管理業務共通システム整備事業費	572
障害福祉関係データベース構築事業費	521
環境行政におけるデジタル化推進費	518
貸付審査生活福祉資金業務システム改修等事業費	512
地方公共団体情報セキュリティ対策事業費	490
GビズID改修事業費	480
職場環境整備を通じた働き方改革推進事業費	457
政府認証基盤整備事業費	440
第3期電子契約システム（工事・業務）整備事業費	424
死亡届・死亡診断書オンライン・デジタル化の実証整備事業費	420
RSシステム機能改善等業務経費	410
国家資格等情報連携・活用システム整備事業費	334
食品衛生申請等システム改修経費	325
国・地方デジタル共通基盤調査研究事業費	299
国立障害者リハビリテーションセンターシステム改修経費	291
参議院情報ネットワークシステム等改修経費	255
国家公務員身分証共通発行管理システム機能強化改修事業費	237
府省共通研究開発管理システム（e－Rad）の機能強化事業費	234
公金受取口座登録システム改修事業費	224
デジタル人材確保プロジェクト推進事業費	201
デジタルマーケットプレイスカタログサイト整備事業費	200
被保護者保健指導情報データ連携システム改修事業費	186
輸出証明書等電子化推進事業費	185
政府共通ウェブサイト整備事業費	182
入退場管理システム基盤等整備事業費	159
JapanGovウェブサイトシステム改修事業費	154
電子調達システム整備事業費	151
調達ポータル整備事業費	115
医薬品品質関連情報システム整備事業費	114

事業名	金額
衆議院ネットワークシステム改修経費	113
監視・監督システム改修経費	101
地方公共団体アナログ規制点検・見直し伴走型支援事業費	100
生活困窮者自立支援統計システム改修経費	100
宮内庁公開システム構築事業費	98
生成AIの業務利用に関する技術検証、利用環境整備事業費	97
金融モニタリングシステム(FIMOS)に係る変更開発事業費	94
生活保護業務デジタル化調査研究事業費	94
統括・監理支援システム改修事業費	90
障害福祉システム標準化事業費	89
障害福祉関係手続共通化事業費	88
公益認定等総合情報システム改修事業費	85
NPO情報管理・公開システム機能改修経費	83
国税電子申告データ検査システム整備費	82
人工知能活用行政相談調査研究費	80
公共工事電子入札システム統合に向けた調査研究事業費	79
テクノロジーマップ技術検証事業費	70
政府によるAI調達・利用等調査事業費	63
テクノロジーマップ整備推進ウェブサイト整備事業費	60
各省庁等の行政手続・補助金調査及び共通機能展開支援事業費	55
オンライン採用試験の導入に係る調査研究等事業費	54
健康被害救済給付請求・届出手続オンライン化事業費	50
国民健康・栄養調査のオンラインシステム導入に向けた検討に要する経費	47
独立行政法人等の業務分析に関する調査研究費	40
公務員の人事管理におけるAI活用実現可能性調査研究事業費	36
リコール情報サイト改修支援等事業費	35
幹部職員の人事管理システムクラウド化事業費	34
官民ジョブサイトの次期システム更改に向けた調査経費	32
医薬品等自主回収情報拡充事業費	30
GIMA連携システム移行支援等事業費	29
デジタル庁内開発情報システム整備等事業費	28
諸外国の選挙制度等に関する調査研究費	25
火葬等許可事務システムの標準化事業費	23
登記事項証明書の添付省略等施策推進事業費	22
次期審査情報解析システムに係る調達支援業務経費	20
報告受付管理システムの機能拡充事業費	20
業務見直し・DX推進支援業務経費	20
人事情報の管理・活用に関する調査研究事業費	19
在外教育施設派遣教員管理システム改修経費	16
医薬品医療機器申請・審査システム端末等整備事業費	13
会計検査院研修所設備整備費	8
計	341,705

(vii) デジタルスキルの向上とデジタル人材の育成

追　加　　　3,028(百万円)

上記の追加額は、スキル情報を蓄積・可視化する基盤の構築及び地方における若手人材の育成等に必要な経費であって、その内訳は次のとおりである。

（単位　百万円）

事業名	金額
デジタル人材エコシステム構築事業費	2,138
未踏的な地方の若手人材発掘育成支援事業費	890
計	3,028

(viii) AI・半導体

追　加　　　1,369,311(百万円)

（a）AI・半導体産業基盤強化フレーム

追　加　　　1,305,354(百万円)

上記の追加額は、先端・次世代半導体の国内生産拠点の整備や研究開発支援等に必要な経費であって、その内訳は次のとおりである。

（単位　百万円）

ポスト５Ｇ情報通信システム基盤強化研究開発事業費（次世代半導体の量産技術開発等）	811,925
先端半導体の国内生産拠点の確保に要する経費	471,391
ポスト５Ｇ情報通信システム基盤強化研究開発事業費（ＡＩ基盤モデル開発）	22,038
計	1,305,354

（ｂ）そ　の　他

追　　　加　　　63,957（百万円）

　上記の追加額の内訳は、次のとおりである。

（単位　百万円）

生成ＡＩの安全性確保に関する検証等事業費	14,011
データセンター等の地方分散支援事業費	12,000
大規模言語モデル（ＬＬＭ）開発力強化に向けたデータ整備等事業費	11,900
ポスト５Ｇ情報通信システム基盤強化研究開発事業費（ロボティクス分野におけるソフトウェア開発基盤の構築）	10,340
半導体基盤プラットフォーム構築事業費	6,585
生成ＡＩの開発力強化の推進に要する経費	6,118
沖縄科学技術大学院大学の研究環境整備費	2,103
安全なデータ連携による最適化ＡＩ技術研究開発事業費	900
計	63,957

（ⅸ）サイバーセキュリティ

追　　　加　　　2,722（百万円）

　上記の追加額は、インターネット上の偽・誤情報の流通・拡散防止等に必要な経費であって、その内訳は次のとおりである。

（単位　百万円）

インターネット上の偽・誤情報等への対策技術の開発・実証等事業費	2,698
地方公共団体向けインシデント対応訓練事業費	24
計	2,722

（ⅹ）情報通信インフラ

追　　　加　　　47,143（百万円）

　上記の追加額は、条件不利地域における光ファイバの整備・高度化や次世代情報通信インフラの研究開発等に必要な経費であって、その内訳は次のとおりである。

（単位　百万円）

Ｂｅｙｏｎｄ５Ｇ研究開発促進事業費	35,700
安全性・信頼性を確保したデジタルインフラ海外展開支援事業費	6,300
高度無線環境整備推進事業費	1,928
複数事業者間の相互運用性等の機能強化推進事業費	1,500
次世代移動通信システムの早期社会実装推進事業費	740
オール光ネットワーク技術開発等事業費	400
新たな周波数割当方式の導入に向けた環境整備費	200
放送事業者(4K)の新規参入等に係るＢＳ右旋帯域再編等事業費	170
ＩＣＴ基盤高度化事業費	95
ＶＲ等（没入型技術）の利活用における利用環境整備事業費	79
災害時等における非地上系ネットワークの国内活用に向けた調査事業費	30
計	47,143

（ⅺ）そ　の　他

追　　　加　　　59,538（百万円）

　上記の追加額の内訳は、次のとおりである。

（単位　百万円）

戸籍上の氏名振り仮名記載等経費	32,153
裁判手続等デジタル化等経費	16,904
医療ＤＸ活用保健事業費	1,532
デジタル認証アプリの追加機能開発事業費	1,375
公正取引委員会施設費	1,310
フロントサービスＡＰＩ基盤整備事業費	1,200
人事院施設費	965
国立公文書館の新館開館に向けた機能強化事業費	661
準公共・相互連携分野デジタル化推進事業費	652
マイナンバー制度に係る周知・広報事業費	450
科学技術情報サービスの基盤整備費	418
民間ビジネスでのマイナンバーカード利活用促進事業費	370

項目	金額
データ連携促進に向けたデータ標準等整備事業費	300
事業者向けポータル整備事業費	181
個人情報保護委員会施設費	152
障害者自立支援機器等開発促進事業費	127
共創プラットフォーム調査研究事業費	103
産業用データ連携推進事業費	100
デジタル人材採用事業費	100
内閣本府施設費	91
デジタル庁情報発信に係るリスクコミュニケーション体制整備事業費	79
医療保険者等向け中間サーバーインターフェイスシステム更改事業費	61
土地等利用状況管理システムの更新に向けた要件検討経費	60
デジタル政策国内外動向調査事業費	50
電子署名・電子委任状の利活用促進事業費	50
バイオ後続品品質・臨床的同等性情報提供等推進事業費	42
医薬品提供・販売制度等調査研究事業費	22
国際連携強化のためのグローバルフォーラム開催経費	16
薬局機能高度化推進事業費	10
化学災害関係資料デジタルアーカイブ整備費	4
計	59,538

（二）　ＧＸの推進

追　　　加　　　　195,499（百万円）

（ｉ）　更なる省エネ・脱炭素化の支援

追　　　加　　　　69,095（百万円）

上記の追加額は、工場・事業所等における設備の省エネ化や地域の脱炭素化の取組等の支援に必要な経費であって、その内訳は次のとおりである。

（単位　百万円）

項目	金額
道路整備事業	3,801
都市環境整備事業	165
公園水道廃棄物処理等施設整備費	3,900
上下水道事業	3,750
国営公園等事業	150
社会資本総合整備事業費	6,197
社会資本整備総合交付金	1,026
防災・安全交付金	5,171
地域脱炭素移行・再エネ推進交付金	35,000
民間企業等による再エネ主力化・レジリエンス強化促進事業費	7,000
建築物等のＺＥＢ化・省ＣＯ２化普及加速事業費	4,800
工場・事業場における先導的な脱炭素化取組推進事業費	3,000
公共施設への自立・分散型エネルギー設備等導入推進事業費	2,000
再エネの最大限導入のための計画づくり支援事業費	918
鉄道施設における技術開発・脱炭素等推進費	724
環境配慮行動普及促進事業費	510
国立国会図書館施設費	483
業務用建築物の脱炭素改修加速化事業費	267
参議院施設費	176
低炭素技術実証によるインフラＧＸ推進調査費	114
グリーンインフラ投資促進調査費	15
ＧＸ新技術に係る危険物規制の調査経費	14
雪氷熱利用促進調査費	12
計	69,095

（ⅱ）　脱炭素効果の高い電源の最大限の活用等

追　　　加　　　　118,980（百万円）

上記の追加額は、変動電源の調整力確保のための蓄電池導入など再生可能エネルギーや原子力といった脱炭素効果の高い電源等の最大限の活用に向けた取組や、エネルギーの安定供給の確保等に必要な経費であって、その内訳は次のとおりである。

（単位　百万円）

項目	金額
蓄電池製造サプライチェーン強靭化支援事業費	32,935
先進的二酸化炭素回収・貯留支援事業費	31,998
国立研究開発法人日本原子力研究開発機構における研究施設の高度化に要する経費	24,086
分散型エネルギーリソース導入支援等事業費	12,700
独立行政法人エネルギー・金属鉱物資源機構出資金	10,000
港湾整備事業	5,089

項目	金額
石油・天然ガス等のエネルギー安定供給実現事業費	1,000
国立研究開発法人海上・港湾・航空技術研究所施設整備費	826
二国間クレジット制度（ＪＣＭ）資金支援事業費	150
ＣＯ2利用・固定化技術社会実装加速化事業費	100
脱炭素燃料海上輸送等調査費	40
港湾における水素等受入環境整備調査費	35
洋上風力発電施設作業船導入環境整備調査費	20
計	118,980

（ⅲ） サーキュラーエコノミーの実現

追　　　加　　　7,423（百万円）

上記の追加額は、資源循環に係る産官学連携や投資支援等のために必要な経費であって、その内訳は次のとおりである。

（単位　百万円）

項目	金額
地産地消型資源循環加速化事業費	2,000
プラスチック資源・金属資源等の脱炭素型有効活用設備等導入促進事業費	1,700
資源循環ネットワーク・拠点構築調査費	1,000
アフリカ廃棄物管理プロジェクト形成促進国際機関拠出金	1,000
再生材利用拡大に向けた産官学連携事業費	957
地域資源循環促進調査費	205
再資源化事業等高度化推進経費	200
ライフスタイル変革推進事業費	190
不適正ヤード規制制度構築費	100
バーゼル条約事務手続効率化調査検討経費	46
港湾循環経済促進調査費	14
高濃度バイオ燃料混合油の海上輸送における環境影響調査費	11
計	7,423

（ホ） 経済安全保障の確立

追　　　加　　　113,269（百万円）

上記の追加額は、重要物資の安定供給のためのサプライチェーンの強靱化等に必要な経費であって、その内訳は次のとおりである。

（単位　百万円）

項目	金額
鉱物サプライチェーン多角化・安定化事業費	92,166
地域産業基盤整備推進交付金	9,000
永久磁石サプライチェーン強靱化支援事業費	4,140
経済安全保障の推進に資する外交的取組の強化に要する経費	1,762
クリアランス制度に係る体制構築等事業費	1,586
電子部品サプライチェーン強靱化支援事業費	940
経済安全保障上の重要技術に関する調査研究等事業費	703
サプライチェーン強靱化支援等のための拠出金	695
経済安全保障上の重要技術に関する国際共同研究の推進事業費	650
土地等利用状況調査等推進事業費	526
適性評価調査システムの開発事業費	300
基幹インフラ制度における審査能力強化事業費	293
安全・安心に関するシンクタンク機能構築事業費	278
船舶関連機器サプライチェーン強靱化事業費補助金	220
特許特別会計へ繰入	10
計	113,269

（ヘ） 海外活力の取り込み

追　　　加　　　13,745（百万円）

上記の追加額は、地域経済の成長につながる対内直接投資促進及び海外展開支援等に必要な経費であって、その内訳は次のとおりである。

（単位　百万円）

項目	金額
地域の中堅・中小企業の海外展開支援事業費	8,064
スマートシティ等海外展開・案件形成支援事業費	3,615
対内直接投資促進事業費	1,916
健康・医療ビジネスのインパクト投資を通じた三方政策事業費	150
計	13,745

② イノベーションを牽引するスタートアップへの支援

追　　　加　　　18,001（百万円）

（イ） スタートアップの研究開発・拠点整備・人材育成等への支援

追　　　加　　　11,525（百万円）

上記の追加額は、優れた研究シーズの起業や商用化に向けた研究開発・拠点整備・人材育成等の支援に必要な経費であって、その内訳は次のとおりである。

（単位　百万円）

ディープテック・スタートアップに対する事業開発支援事業費	7,601
地域大学のインキュベーション・産学融合拠点整備事業費	3,000
建設・運輸分野におけるスタートアップ支援事業費	330
スタートアップ創出型萌芽的研究開発支援事業費	300
大企業等のスタートアップ連携・調達加速化事業費	206
環境スタートアップ研究開発支援事業費	88
計	11,525

（ロ）　国内スタートアップの海外展開等への支援

追　　加　　　　6,476（百万円）

上記の追加額は、起業家の海外派遣や国外関係者の日本への招へい等を通じた国内スタートアップの海外展開等の支援に必要な経費であって、その内訳は次のとおりである。

（単位　百万円）

グローバル・スタートアップ創出事業費	4,408
グローバル・スタートアップ・アクセラレーションプログラムの実施・強化に要する経費	2,069
計	6,476

③　「資産運用立国」の実現に向けた取組の加速

追　　加　　　　1,490（百万円）

上記の追加額は、「金融・資産運用特区」等への海外金融事業者の参入促進等に必要な経費であって、その内訳は次のとおりである。

（単位　百万円）

資本市場の公正性・透明性の確保と投資者保護のための市場監視機能の高度化・効率化事業費	612
「資産運用立国」の実現に向けたプロモーション等事業費	254
有価証券報告書等電子開示システム維持的整備事業費	206
資産形成及び金融経済教育地方展開事業費	105
企業年金加入者のための運用の見える化推進事業費	86
インパクトコンソーシアム運営事業費	84
アジアＧＸコンソーシアム運営事業費	57
金融庁ウェブサイト「登録業者一括検索機能(仮称)」追加開発事業費	43
スタートアップ・非上場企業への資金供給に係る調査事業費	24
監査品質向上推進事業費	12
「Ｊａｐａｎ　Ｆｉｎｔｅｃｈ　Ｗｅｅｋ」開催事業費	8
計	1,490

2　物価高の克服～誰一人取り残されない成長型経済への移行に道筋をつける～

追　　加　　　3,389,667（百万円）

（1）　足元の物価高に対するきめ細かい対応

追　　加　　　3,142,727（百万円）

①　物価高の影響を受ける低所得者世帯への支援

追　　加　　　1,138,398（百万円）

上記の追加額は、特に物価高の影響を受ける低所得者に対し、迅速に支援を届けるための重点支援地方交付金等に必要な経費であって、その内訳は次のとおりである。

（単位　百万円）

物価高騰対応重点支援地方創生臨時交付金(低所得世帯支援枠)	1,135,142
戦略的な政府広報実施経費	3,255
計	1,138,398

②　地域の実情等に応じた物価高対策の推進

追　　加　　　1,952,352（百万円）

上記の追加額は、物価高により厳しい状況にある者に対する地域の実情に応じた支援や燃料油価格、電気・ガス代支援等に必要な経費であって、その内訳は次のとおりである。

（単位　百万円）

燃料油価格激変緩和対策事業費	1,032,424
物価高騰対応重点支援地方創生臨時交付金(推奨事業メニュー)	600,000

電気・ガス料金負担軽減支援事業費	319,357
特定有人国境離島地域社会維持推進交付金	536
地方創生臨時交付金効果促進事業費	35
計	1,952,352

③ 物価高の影響を受ける農林漁業者の支援

追　　加　　　　51,978(百万円)

上記の追加額は、エネルギー価格等の高騰を受けた農林漁業者に対する支援に必要な経費であって、その内訳は次のとおりである。

（単位　百万円）

漁業経営セーフティーネット構築事業費	32,145
和牛肉需要拡大緊急対策事業費	16,953
施設園芸等燃料価格高騰対策事業費	2,880
計	51,978

（2）エネルギーコスト上昇に強い経済社会の実現

追　　加　　　　246,940(百万円)

上記の追加額は、子育て世帯等を対象とした高水準の省エネ住宅の新築の支援や工場等における省エネ設備の導入の支援等に必要な経費であって、その内訳は次のとおりである。

（単位　百万円）

住　宅　対　策	135,000
既存住宅省エネ改修等事業費	40,000
クリーンエネルギー自動車の普及促進に向けた充電・充てんインフラ等導入促進事業費	36,000
省エネルギー投資促進支援事業費	30,000
既存賃貸集合住宅省エネ化支援事業費	5,000
既存住宅の断熱リフォーム支援事業費	940
計	246,940

3　国民の安心・安全の確保～成長型経済への移行の礎を築く～

追　　加　　　　4,790,902(百万円)

（1）自然災害からの復旧・復興

追　　加　　　　667,711(百万円)

① 生活・生業の再建

追　　加　　　　135,527(百万円)

（イ）生活の再建

追　　加　　　　109,021(百万円)

上記の追加額は、令和6年能登半島地震等による被災者の生活再建に必要な経費であって、その内訳は次のとおりである。

（単位　百万円）

住　宅　対　策	21,509
廃棄物処理施設災害復旧事業費	4,742
災害等廃棄物処理事業費補助金等	34,625
災　害　救　助　費　等　負　担　金	23,642
地域福祉推進支援臨時特例交付金	9,842
市町村国保等の保険料等減免支援事業費	5,860
被災者生活再建支援金補助金	3,994
被災者見守り・相談支援等事業費	1,768
災　害　弔　慰　金　等　負　担　金	1,113
私立大学等経常費補助金（私立大学等授業料等減免支援）	861
私立高等学校等経常費助成費補助金（教育活動復旧費）	518
被災地心のケア事業費	150
防災集団移転促進事業費	105
災　害　援　護　貸　付　金	101
国立大学法人授業料等減免	65
私立大学等経常費補助金（教育研究活動復旧費）	58
自然災害における被災者の債務整理支援事業費	42
建築確認円滑化支援事業費	20
独立行政法人国立高等専門学校機構授業料等減免	5
計	109,021

（ロ）生業の再建

追　　加　　　　26,506(百万円)

上記の追加額は、令和6年能登半島地震等により災害を受けた中小企業等の復旧等に必要な経費であって、その内訳は次のとおりである。

（単位　百万円）

なりわい再建支援事業費	15,939
中小企業施設等災害復旧事業費	5,052
農林水産業共同利用施設災害復旧事業費	1,145
地方公共団体による小規模事業者支援推進事業費	1,000
伝統的工芸品産業災害復旧事業費	976

持続的生産強化対策事業費	710	
観 光 再 生 支 援 事 業 費	500	
水産業共同利用施設緊急復旧整備事業費	400	
被災農業者支援事業費	217	
被災商店街等再建支援事業費	197	
中小企業災害復旧資金利子補給補助金	120	
被災木材加工流通施設等緊急復旧対策事業費	100	
共同利用漁船等復旧支援対策事業費	90	
能登半島地域自然活用創造的復興推進等事業費	60	
計	26,506	

② 災害復旧等事業費等

追　　　　加　　　　442,485（百万円）

　（イ）　公共土木施設等の災害復旧等事業費

追　　　　加　　　　437,441（百万円）

上記の追加額は、6年発生災害及び過年発生災害による公共土木施設、農林水産業施設等の災害復旧事業及び災害関連事業に必要な経費である。

6年発生災害の復旧については、その早期復旧を図るため、当初予算等により支出するものを除き、今後必要な額として災害復旧事業費162,138百万円及び災害関連事業費46,310百万円を計上している。

また、過年発生災害については、今後必要な額として災害復旧事業費131,077百万円及び災害関連事業費97,916百万円を追加計上している。

今回の予算補正において追加される災害復旧事業費及び災害関連事業費の所管別及び事項別内訳は、次のとおりである。

（単位　百万円）

所　　　　管	災害復旧事業費	災害関連事業費	計
内　　閣　　府	2	—	2
農　林　水　産　省	54,817	16,802	71,619
国　土　交　通　省	238,396	127,424	365,820
計	293,215	144,226	437,441

（単位　百万円）

事　　　　項	災害復旧事業費	災害関連事業費	計
農　　業　　施　　設	27,277	1,105	28,382
山　　林　　施　　設	21,397	14,940	36,337
漁　　　　　　　　港	6,143	757	6,900
河　　川　　等	189,023	127,147	316,170
道　　　　　　　　路	37,625	—	37,625
港　　　　　　　　湾	5,273	277	5,550
都　　　　　　　　市	6,477	—	6,477
計	293,215	144,226	437,441

また、上記の追加額を年災別に示すと、次のとおりである。

（単位　百万円）

年　　　　災	災害復旧事業費	災害関連事業費	計
28　年　災	2,624	—	2,624
29　年　災	671	—	671
元　年　災	3,109	68,247	71,356
2　年　災	24,256	24,369	48,625
3　年　災	4,370	16	4,386
4　年　災	35,750	4,032	39,782
5　年　災	60,297	1,252	61,549
6　年　災	162,138	46,310	208,448
計	293,215	144,226	437,441

（ロ）　船舶交通安全基盤等の災害復旧事業費等

追　　加　　　　　5,044(百万円)

上記の追加額は、令和6年能登半島地震等により災害を受けた船舶交通安全基盤等の災害復旧事業等に必要な経費であって、その内訳は次のとおりである。

（単位　百万円）

港湾整備事業	280
防災・安全交付金	3,225
水資源開発施設災害復旧事業費	33
船舶交通安全基盤災害復旧事業費	958
住宅施設災害復旧事業費	22
自然公園等施設災害復旧事業費	526
計	5,044

③　施設等の災害復旧費

追　　加　　　　　45,251(百万円)

（イ）　学校施設等の災害復旧費

追　　加　　　　　27,872(百万円)

上記の追加額は、令和6年能登半島地震等により災害を受けた学校施設等について、学校法人等が行う復旧に要する費用の補助等に必要な経費であって、その内訳は次のとおりである。

（単位　百万円）

公立学校施設災害復旧費	14,814
公立社会教育施設災害復旧費	5,373
国立大学法人設備災害復旧費	3,923
国立大学法人施設災害復旧費	1,759
私立学校施設災害復旧費	1,449
独立行政法人国立高等専門学校機構施設災害復旧費	513
独立行政法人国立青少年教育振興機構施設災害復旧費	25
独立行政法人国立高等専門学校機構設備災害復旧費	16
公立社会教育施設災害復旧都道府県事務費	0
私立学校施設災害復旧都道府県事務費	0
計	27,872

（ロ）　そ　の　他

追　　加　　　　　17,379(百万円)

上記の追加額の内訳は、次のとおりである。

（単位　百万円）

被災文化財等災害復旧費	4,293
介護施設等災害復旧費	3,978
児童福祉施設等災害復旧費	3,822
医療施設等災害復旧費	3,303
障害者支援施設等災害復旧費	632
携帯電話等エリア整備事業費	600
独立行政法人国立病院機構災害復旧費	524
放送ネットワーク整備支援事業費	91
海上保安官署施設災害復旧費	85
被災地域病院歯科整備事業費	51
計	17,379

④　廃炉・汚染水・処理水対策等のための経費

追　　加　　　　　42,448(百万円)

（イ）　廃炉・汚染水・処理水対策事業

追　　加　　　　　17,148(百万円)

上記の追加額は、廃炉・汚染水・処理水対策を進めていく上で、技術的に難易度が高く、国が前面に立って取り組む必要がある研究開発等に必要な経費である。

（ロ）　ＡＬＰＳ処理水関連の影響を乗り越えるための水産業支援

追　　加　　　　　25,301(百万円)

上記の追加額は、ＡＬＰＳ処理水関連の影響を乗り越えるための水産業の生産持続対策等を実施するために必要な経費であって、その内訳は次のとおりである。

（単位　百万円）

ＡＬＰＳ処理水海洋放出関連水産業緊急支援事業費	14,000
ＡＬＰＳ処理水の海洋放出に伴う影響を乗り越えるための漁業者支援事業費	11,301
計	25,301

⑤　そ　の　他

追　　加　　　　　2,000(百万円)

上記の追加額の内訳は、次のとおりであ

る。

(単位 百万円)

北海道赤潮対策緊急支援事業費	1,500
赤潮による養殖被害緊急総合対策事業費	500
計	2,000

(2) 防災・減災及び国土強靱化の推進

追　　　加　　　1,958,433(百万円)

① 激甚化する風水害や切迫する大規模地震等への対策

追　　　加　　　1,323,658(百万円)

(イ) 人命・財産の被害を防止・最小化するための対策

追　　　加　　　986,902(百万円)

上記の追加額は、気候変動に対応するための府省庁・官民連携による「流域治水」の推進や防災拠点・避難施設等の耐災害性の強化等に必要な経費であって、その内訳は次のとおりである。

(単位 百万円)

治山治水対策事業費	231,770
治　水　事　業	192,870
治　山　事　業	29,845
海　岸　事　業	9,055
港　湾　整　備　事　業	1,855
都市環境整備事業	11,604
公園水道廃棄物処理等施設整備費	12,470
下　水　道　事　業	7,133
国　営　公　園　等　事　業	1,339
自　然　公　園　等　事　業	3,998
農林水産基盤整備事業費	97,109
農　業　農　村　整　備　事　業	51,839
森　林　整　備　事　業	19,300
水　産　基　盤　整　備　事　業	25,970
防　災　・　安　全　交　付　金	337,863
公　立　文　教　施　設　整　備　費	207,566
矯　正　施　設　等　整　備　費	19,999
部隊活動用資機材整備費	14,002
私立学校施設整備費補助金	9,491
障害者支援施設等耐震化等整備事業費	8,090
介護施設等耐震化等整備事業費	6,630
緊急消防援助隊・消防団の災害対応力強化事業費	6,343
保育所等の防災・減災に関する緊急対策費	4,600
警察通信基盤整備費	2,837
指定管理鳥獣対策事業費	2,610
矯正施設保安警備体制等強化経費	2,427
放射線監視体制の機能維持に要する経費	2,069
裁　判　所　施　設　整　備　費	1,702
沖　縄　教　育　振　興　事　業　費	1,321
地　籍　調　査　経　費	1,000
警　察　施　設　整　備　費	951
国立公園等施設利用環境整備事業費	786
休廃止鉱山鉱害防止等工事費補助金	607
官　庁　営　繕　費	564
更　生　保　護　施　設　整　備　費	475
国　土　地　理　院　施　設　費	102
グリーンインフラ創出促進事業費	30
災害情報伝達手段整備促進事業費	30
計	986,902

(注) 防災・安全交付金の計数中には、3 国民の安心・安全の確保(2)防災・減災及び国土強靱化の推進②予防保全型インフラメンテナンスへの転換に向けた老朽化対策、③国土強靱化に関する施策を効率的に進めるためのデジタル化等の推進及び④その他のための経費として配分されうるものが含まれている。

(ロ) 交通ネットワーク・ライフラインを維持し、国民経済・生活を支えるための対策

追　　　加　　　336,756(百万円)

上記の追加額は、高規格道路のミッシングリンク解消及び直轄国道とのダブルネットワーク強化、廃棄物処理施設の耐災害性の強化等に必要な経費であって、その内訳は次のとおりである。

(単位 百万円)

道　路　整　備　事　業	179,580
港湾空港鉄道等整備事業費	40,130
港　湾　整　備　事　業	38,767
都市・幹線鉄道整備事業	1,218
船舶交通安全基盤整備事業	144
道　路　環　境　整　備　事　業	12,778
公園水道廃棄物処理等施設整備費	76,076
廃棄物処理施設整備事業	74,408

工業用水道事業	1,668
社会資本整備総合交付金	24,178
海岸漂着物等処理等事業費	3,525
園芸産地における事業継続強化対策事業費	260
卸売市場施設の防災・減災対策事業費	229
計	336,756

（注）　社会資本整備総合交付金の計数中には、3 国民の安心・安全の確保(2)防災・減災及び国土強靱化の推進②予防保全型インフラメンテナンスへの転換に向けた老朽化対策及び④その他のための経費として配分されうるものが含まれている。

② 予防保全型インフラメンテナンスへの転換に向けた老朽化対策

追　　　　加　　　　　　243,196（百万円）

上記の追加額は、河川・ダム、道路、港湾、農業水利施設、学校施設等の重要インフラに係る老朽化対策に必要な経費であって、その内訳は次のとおりである。

（単位　百万円）

治山治水対策事業費	56,978
治水事業	52,549
海岸事業	4,429
道路整備事業	87,900
都市・幹線鉄道整備事業	437
国営公園等事業	162
農業農村整備事業	33,373
国立大学法人施設整備費	54,800
独立行政法人国立高等専門学校機構施設整備費	7,641
国立研究開発法人防災科学技術研究所施設整備費	958
国立研究開発法人日本原子力研究開発機構施設整備費	711
国立研究開発法人海洋研究開発機構施設整備費	237
計	243,196

③ 国土強靱化に関する施策を効率的に進めるためのデジタル化等の推進

追　　　　加　　　　　　65,925（百万円）

（イ）　国土強靱化に関する施策のデジタル化

追　　　　加　　　　　　18,271（百万円）

上記の追加額は、デジタル技術を活用したインフラの整備・維持管理の推進等に必要な経費であって、その内訳は次のとおりである。

（単位　百万円）

治水事業	3,951
道路整備事業	5,669
道路環境整備事業	5,360
防災地理情報整備費	2,174
国土強靱化施策を円滑に進めるためのインフラDX等の推進に要する経費	755
国土技術政策総合研究所施設費	304
施工の効率化・省力化対策に要する経費	25
無人化施工技術の安全性・生産性向上対策に要する経費	25
電子基準点網耐災害性強化費	9
計	18,271

（ロ）　災害関連情報の予測、収集・集積・伝達の高度化

追　　　　加　　　　　　47,655（百万円）

上記の追加額は、最新技術を導入した気象観測の高度化等により、線状降水帯による大雨等の予測精度向上を図るなど、防災気象情報の改善等に必要な経費であって、その内訳は次のとおりである。

（単位　百万円）

観測予報等業務費	25,352
海洋気象観測船建造費	7,138
気象官署施設費	6,012
治水事業	5,731
地震津波火山観測網の整備に要する経費	3,175
防災地理情報利活用促進調査費	113
保護施設等災害時情報共有システム改修事業費	50
国立研究開発法人海上・港湾・航空技術研究所施設整備費	46
児童福祉施設等災害時情報共有システム改修事業費	22
災害時保健医療福祉活動支援システム改修事業費	17
計	47,655

④ そ の 他

追　　　　加　　　　　　325,654（百万円）

上記の追加額の内訳は、次のとおりである。

(単位 百万円)

項目	金額
治山治水対策事業費	66,870
治水事業	58,697
治山事業	1,200
海岸事業	6,974
道路整備事業	51,079
港湾空港鉄道等整備事業費	32,131
港湾整備事業	31,120
都市・幹線鉄道整備事業	1,010
住宅都市環境整備事業費	7,267
住宅対策	2,163
都市環境整備事業	5,104
公園水道廃棄物処理等施設整備費	1,556
上下水道事業	300
廃棄物処理施設整備事業	971
工業用水道事業	285
農林水産基盤整備事業費	29,197
農業農村整備事業	26,361
森林整備事業	806
水産基盤整備事業	2,030
大規模災害に備えた廃棄物処理体制及び拠点整備事業費	25,879
廃棄物処理施設を核とした地域循環共生圏構築促進事業費	10,300
携帯電話基地局等耐災害性強化事業費	6,259
沖縄振興公共投資交付金	6,239
独立行政法人国立病院機構施設整備費	5,952
附帯・受託工事費	5,893
官庁営繕費	4,631
ポリ塩化ビフェニル廃棄物処理事業費	4,182
国立研究開発法人量子科学技術研究開発機構施設・設備整備費	4,169
原子力発電所周辺地域における防災対策のための経費	4,084
医療施設等の耐災害性強化事業費	3,852
国立健康危機管理研究機構の設立に向けた準備経費	3,739
地域経済活性化支援機構の災害対応力の強化事業費	3,100
国立研究開発法人物質・材料研究機構施設整備費	2,199
ケーブルテレビネットワークの耐災害性強化事業費	2,110
国立文化施設の機能強化に要する経費	2,060
国立ハンセン病療養所施設整備等に要する経費	2,060
マイナンバーカードを活用した救急業務の迅速化・円滑化に向けた全国展開推進事業費	2,058
特定先端大型研究施設整備費	1,920
特定先端大型研究施設運営費等補助金	1,911
統合原子力防災ネットワークシステム整備費	1,753
国立研究開発法人科学技術振興機構施設整備費	1,620
放射線モニタリング体制強化等事業費	1,363
備蓄物資の分散備蓄倉庫整備事業費	1,361
国立研究開発法人土木研究所施設整備費	1,266
独立行政法人国立青少年教育振興機構施設整備費	1,242
税関等施設費	1,194
独立行政法人日本スポーツ振興センター施設整備費	1,177
国税庁施設費	1,175
原子力災害等医療機関の施設整備費	1,077
災害時歯科保健医療提供体制整備事業費	1,049
国立医薬品食品衛生研究所跡地の工作物解体撤去費	993
金融庁施設費	933
独立行政法人日本スポーツ振興センター研究施設・設備整備費	882
国土技術政策総合研究所施設費	844
心神喪失者等医療観察法指定入院医療機関施設整備費	728
国立研究開発法人理化学研究所施設整備費	722
文部科学本省施設費	625
全国瞬時警報システム（Jアラート）更改経費	609
南海トラフ巨大地震に備えた旧鉱物採掘区域防災対策事業費	601
子どもの健康と環境に関する全国調査経費	600
昭和館等機能強化事業費	598
休廃止鉱山鉱害防止等工事費補助金	593
国有崖地補修等経費	524
新総合防災情報システムの効果的活用促進に関する運用事業費	490
内閣本府施設費	474
衆議院施設費	438
海上保安業務通信設備整備等事業費	435
内閣官房施設費	427

事項	金額
国立研究開発法人海上・港湾・航空技術研究所施設整備費	406
国立研究開発法人建築研究所施設整備費	399
災害時等における医療提供体制整備等事業費	330
液状化リスクの周知に資する地盤情報等の活用促進に要する経費	320
立川・有明・東扇島施設改修等事業費	318
会 計 検 査 院 施 設 費	314
国際連合大学施設整備費	312
自治大学校代替庁舎機能維持改善事業費	303
消防研究センター研究機器整備費	300
社会事業学校施設整備費	298
国立障害者リハビリテーションセンター防災・減災対策事業費	283
被災者支援団体の活動経費助成事業費	275
国立保健医療科学院施設整備費	261
陵 墓 地 等 整 備 費	254
中央合同庁舎第1号館本館南棟給排水設備等改修事業費	242
国際障害者交流センター防災・減災対策事業費	235
中央防災無線網更新経費	232
船舶活用医療体制整備事業費	228
独立行政法人大学入試センター施設整備費	210
放送大学学園施設整備費	198
独立行政法人国立公文書館施設整備費	182
防災分野のデータ連携に関する調査研究事業費	180
独立行政法人教職員支援機構施設整備費	157
災害対策への民間参画及び活動促進環境整備事業費	155
消防大学校施設等整備費	154
災害情報利活用等最適化調査検討経費	150
北 海 道 開 発 局 施 設 費	134
官民の被災者支援システム連携強化に要する調査事業費	120
緊急消防援助隊全国合同訓練設備整備費	118
独立行政法人国立重度知的障害者総合施設のぞみの園施設整備費	113
消防指令システム等高度化事業費	101
事前防災強化における防災教育推進費	101
独立行政法人国立女性教育会館施設整備費	101
人 事 院 施 設 費	101
航空機搭載合成開口レーダを活用したリモートセンシング実証事業費	100
船舶を活用した災害医療活動体制整備事業費	100
防災分野のデータ流通促進等の調査に要する経費	99
災害用物資備蓄のDX化モデル事業費	99
心身障害児総合医療療育センター防災・減災対策事業費	88
消防団災害対応高度化推進事業費	74
一般戦災死没者追悼事業費補助金	73
国立児童自立支援施設整備費	67
消防訓練設備緊急整備事業費	62
キッチンカー等の登録制度に要する事業費	57
生物多様性センター施設整備費	56
地方運輸局における衛星通信設備の整備等に要する経費	53
都道府県労働局施設費	52
インターネット通信サービスの脆弱性分析に関する調査研究費	50
災害時学校支援体制構築事業費	48
独立行政法人国立特別支援教育総合研究所施設整備費	46
地 方 整 備 局 施 設 費	46
災害救助費用の求償業務効率化等に要する経費	37
航空機モニタリング運用・高度化事業費	30
国 土 交 通 本 省 施 設 費	30
能登半島地震を踏まえた被災者支援の強化事業費	30
地域の災害対応力向上研修事業費	30
災害対応eラーニング整備事業費	25
火山地域避難確保計画作成支援事業費	25
土砂災害警戒区域検証調査費	24
大規模災害対応体制の改善に係る海外事例調査事業費	23
船舶活用医療連携調査費	20
避難生活支援・防災人材育成強化事業費	17
連続大規模災害広域避難検討事業費	16
災害ケースマネジメント普及定着事業費	15

項目	金額
アジア地域における戦略的防災投資促進整備事業費	15
企業等と連携した新しい地区防災計画づくり推進費	13
全国障害者総合福祉センター施設整備費	12
感震ブレーカーの普及啓発事業費	12
南海トラフ地震臨時情報発出を踏まえた地震対策普及啓発事業費	10
災害中間支援組織の設置・実践的機能強化に要する経費	10
航空機火災対応マニュアル改定事業費	10
国民保護事態発生時避難行動等周知促進事業費	6
計	325,654

（3）外交・安全保障環境の変化への対応

追　　加　　　　1,408,960（百万円）

① 外交・安全保障

追　　加　　　　582,174（百万円）

（イ）国際情勢の変化の下で外交を展開する経費

追　　加　　　　393,977（百万円）

　上記の追加額は、国際機関等の機能強化やＯＤＡの戦略的な活用等による地球規模課題の解決、グローバル・サウスへの事業展開に関する実証の支援による経済成長・社会課題解決への貢献等に必要な経費であって、その内訳は次のとおりである。

（単位　百万円）

項目	金額
グローバルサウス未来志向型共創等事業費	82,800
グローバルサウスにおける地域支援のための経費	77,852
国際機関等を通じた途上国への感染症対策等のための拠出金	67,225
国際機関等の機能強化支援のための拠出金	36,619
国際開発金融機関等を通じたウクライナ支援に要する経費	34,240
ウクライナ及び周辺国への支援事業費	25,505
国際金融機関を通じた途上国の地球規模課題への対応支援のための拠出金	21,670
情報戦への対応力強化経費	11,780
在外公館等の強靱化・邦人保護の強化経費	10,338
国際機関等を通じた途上国への脱炭素化及び気候変動強靱性強化等支援に要する経費	5,779
外交実施体制及び国際協力のＤＸ推進費	4,867
グローバルサウス市場開拓に向けた支援事業費	4,000
査証・旅券事務関係経費	3,114
グローバルサウス未来産業人材育成等事業費	2,999
世界的な物価高騰に伴う資機材価格高騰等への対応に要する経費	2,422
グローバルサウス農林水産協力対策費	695
外国人留学生の受入れ継続に必要な環境・体制整備費	523
海外留学支援制度を利用する日本人学生の留学継続に要する経費	372
風評被害抑制のための「ＡＬＰＳ処理水対応パッケージ」推進事業費	359
国際民間航空機関を通じた国際連携強化事業費	342
「自由で開かれたインド太平洋」の維持・発展のための経費	317
国際労働機関拠出金	129
国連環境計画拠出金	30
計	393,977

（ロ）海上保安能力の強化等のための経費

追　　加　　　　89,228（百万円）

　上記の追加額は、海上保安能力の強化等を図るための海上保安庁の巡視船建造等に必要な経費である。

（ハ）サイバーセキュリティの強化・経済安全保障環境への対応のための経費

追　　加　　　　34,265（百万円）

　上記の追加額は、サイバー安全保障分野での対応能力向上に向けたサイバーセキュリティ対策の強化等に必要な経費であって、その内訳は次のとおりである。

（単位　百万円）

項目	金額
官民のサイバーセキュリティ対策強化事業費	27,846
情報収集機能緊急強化事業費	2,666
生成ＡＩ等を活用したサイバーセキュリティ対策強化事業費	2,148
ＮＩＳＣ情報システム等整備・高度化事業費	558
国土交通分野におけるサイバーセキュリティ対策強化事業費	521

	(単位　百万円)
スマホアプリのセキュリティ等検証事業費	345
諸外国のサイバーセキュリティ関連制度等調査費	77
港湾におけるサイバーセキュリティ対策強化調査費	76
金融機関のサードパーティに関するサイバーリスク管理強化事業費	28
計	34,265

(二)　そ　の　他

追　　加　　　　　　64,704(百万円)

上記の追加額の内訳は、次のとおりである。

	(単位　百万円)
危機管理強化に資する情報収集衛星の開発等事業費	32,500
遺棄化学兵器廃棄処理事業費	17,212
官邸の危機管理機能強化事業費	3,090
韓国・中国等外国漁船操業対策事業費	2,700
沖縄漁業基金事業費	2,500
遺棄化学兵器現地調査経費	2,266
漁業取締対策事業費	2,182
原子力発電施設等に係る保障措置体制の充実・強化事業費	979
領土・主権展示館の機能強化事業費	355
外国医療人材育成促進事業費	287
金融犯罪及びマネーロンダリング等対策強化事業費	164
戦没者慰霊碑補修工事等事業費	118
慰霊友好親善事業費	116
情報通信システム老朽化対策事業費	101
人道救援物資の緊急備蓄事業費	67
我が国企業の海外事業環境整備推進事業費	33
都市分野の国際連携・国際展開の推進のための拠出金	24
化学災害・テロ対応医薬品買上費	12
計	64,704

②　防　衛　力　の　強　化

追　　加　　　　　　826,786(百万円)

上記の追加額は、戦後最も厳しく複雑な状況となっている安全保障環境を踏まえ、自衛隊の運用態勢の速やかな確保や、自衛隊の活動を支える人的基盤の強化等に必要な経費であって、その内訳は次のとおりである。

	(単位　百万円)
自衛隊等の安全保障環境の変化への的確な対応に要する経費	667,654
自衛隊の活動基盤や災害への対処能力の強化等に要する経費	159,131
計	826,786

(4)　「誰一人取り残されない社会」の実現

追　　加　　　　　　755,798(百万円)

①　防犯対策の強化

追　　加　　　　　　1,939(百万円)

上記の追加額は、全ての国民が安心して暮らせるよう、いわゆる「闇バイト」による強盗・詐欺への対策強化等に必要な経費である。

②　こども・子育て支援の推進

追　　加　　　　　　221,891(百万円)

(イ)　子ども・子育て支援金制度の円滑な施行、こどもまんなか社会の実現

追　　加　　　　　　25,497(百万円)

上記の追加額は、令和8年度に創設する子ども・子育て支援金制度の円滑な施行に向けて必要となるシステム整備等やこども・若者等の視点に立ったこども政策の推進等に必要な経費であって、その内訳は次のとおりである。

	(単位　百万円)
子ども・子育て支援金制度関連システム整備等経費	24,545
こども・子育てにやさしい社会づくりのための意識改革に要する経費	674
こども・若者意見反映等推進事業費	208
自治体こども計画策定支援事業費	69
計	25,497

(ロ)　幼児教育・保育の質の向上

追　　加　　　　　　74,768(百万円)

上記の追加額は、保育士・幼稚園教諭等の処遇改善や保育DXの推進による現場負担の軽減等に必要な経費であって、その内訳は次のとおりである。

（単位　百万円）

項目	金額
教育・保育施設補助職員等の賃上げ環境の整備に必要な経費	62,072
保育士修学資金貸付等事業費	3,994
保育業務ワンスオンリーに向けた施設管理プラットフォーム構築経費	3,389
保育所等ＩＣＴ化推進等事業費	3,013
保活ワンストップに向けた保活情報連携基盤構築経費	1,218
こども誰でも通園制度総合支援システム改修経費	500
過疎地域における保育機能確保・強化モデル事業費	293
保育・幼児教育分野における見える化推進事業費	154
「はじめの100か月の育ちビジョン」を踏まえた取組の推進事業費	136
計	74,768

（ハ）　質の高い成育環境の提供

追　　　加　　　5,770(百万円)

上記の追加額は、地域で安心して妊娠・出産できる環境の整備や放課後児童クラブの質・量の拡充等に必要な経費であって、その内訳は次のとおりである。

（単位　百万円）

項目	金額
乳幼児健康診査等支援事業費	2,673
母子保健デジタル化等推進事業費	1,406
児童手当業務システム改修事業費	566
放課後児童クラブ等ＩＣＴ化推進事業費	393
入院付添い等環境改善事業費	192
放課後児童クラブ待機児童への預かり支援実証モデル事業費	160
遠隔地妊婦健康診査支援事業費	125
放課後児童クラブ利用手続き等ＤＸ推進実証事業費	106
放課後児童クラブ職員確保・民間事業者参入支援事業費	100
ドナーミルク安全確保等調査研究事業費	50
計	5,770

（ニ）　保育所等の整備、こどもの安心・安全の確保

追　　　加　　　100,716(百万円)

上記の追加額は、保育所・児童養護施設等の整備やこどもの安心・安全を確保するために行う環境改善等に必要な経費であって、その内訳は次のとおりである。

（単位　百万円）

項目	金額
就学前教育・保育施設整備交付金	82,005
次世代育成支援対策施設整備交付金	10,178
こども性暴力防止法関連システム開発等経費	2,655
私立学校施設整備費補助金	1,802
保育所等改修支援事業費	1,666
放課後児童クラブ整備促進事業費	1,283
保育所・児童養護施設等環境改善事業費	809
産後ケア事業実施施設整備支援事業費	319
計	100,716

（ホ）　ひとり親家庭や要支援世帯のこども等への支援

追　　　加　　　15,141(百万円)

上記の追加額は、こども食堂等を広域的に支援する民間団体の取組やひとり親家庭等に対するワンストップ相談体制の構築等に必要な経費であって、その内訳は次のとおりである。

（単位　百万円）

項目	金額
児童福祉施設補助職員等の賃上げ環境の整備に必要な経費	8,411
ひとり親家庭等のこどもの食事等支援事業費	1,920
児童相談所等における業務効率化推進事業費	763
ヤングケアラー支援体制強化事業費	727
障害児入所施設補助職員等の賃上げ環境の整備に必要な経費	593
児童養護施設退所者等に対する自立支援資金貸付事業費	474
潜在的に支援が必要なこどもを支援につなげるデータ連携実証事業費	470
こどもの居場所づくり支援体制強化等事業費	432
こどもホスピス支援モデル事業費	301
ひとり親家庭等に対するワンストップ相談体制強化事業費	270

項目	金額
家庭裁判所紛争解決機能強化経費	197
民間企業と協働した就業・定着までの一体的支援強化事業費	179
こども家庭センター設置・機能強化促進事業費	115
こどもの悩みを受け止める場の実態把握・広報事業費	104
ＩＣＴ活用障害児発達支援推進モデル事業費	75
共働き家庭里親等支援強化事業費	60
ひとり親家庭等支援広報事業費	50
計	15,141

③　公教育の再生を始めとする学びの支援

追　　　加　　　　73,324(百万円)

上記の追加額は、不登校の未然防止・早期対応に向け、対象となる児童生徒やその保護者に対する専門的な相談・支援体制づくりに取り組む地方公共団体への支援等のために必要な経費であって、その内訳は次のとおりである。

（単位　百万円）

項目	金額
義務教育費国庫負担金	63,326
地域スポーツ・文化クラブ活動体制整備事業費	2,904
奨学金業務システム改修事業費	2,517
幼児教育の質向上のための環境整備事業費	1,731
学習指導要領実施状況調査のＣＢＴ化等に要する経費	624
学校外におけるいじめ解消体制構築事業費	414
全国学力・学習状況調査のＣＢＴ化に向けた調査研究事業費	379
不登校のこどもへの地域連携支援事業費	257
学校問題解決のための支援体制構築事業費	156
不登校相談支援体制構築事業費	149
在外教育活動支援事業費	145
いじめ対策体制構築事業費	138
教職員研修ＩＣＴ化推進支援事業費	135
不登校・いじめ対策調査研究事業費	97
通学時における安全確保関連経費	95
いじめ未然防止教育モデル構築事業費	65
学校適正規模・適正配置調査研究事業費	50
学校の健康診断における脊柱検査理解増進事業費	50
公立学校教員メンタルヘルス対策強化事業費	30
教員研修高度化推進支援事業費	22
「生命（いのち）の安全教育」の充実・改善に要する経費	20
外国人生徒のキャリア支援調査研究事業費	20
計	73,324

④　女性・高齢者の活躍・参画の推進

追　　　加　　　　6,670(百万円)

（イ）　女性活躍・参画の推進

追　　　加　　　　2,512(百万円)

上記の追加額は、女性デジタル人材・起業家や女性防災リーダーの育成等に必要な経費であって、その内訳は次のとおりである。

（単位　百万円）

項目	金額
地域女性活躍推進交付金	700
女性の健康総合センター機能構築事業費	589
ＤＶ被害者等への相談支援体制強化事業費	300
性暴力被害者等相談体制整備事業費	279
性暴力・配偶者暴力被害者等支援交付金	225
官民協働等女性支援加速化事業費	204
女性の健康相談支援体制構築事業費	97
独立行政法人国立女性教育会館における男女共同参画拠点の機能強化に要する経費	91
「魅力的な地域をつくる」ための先行事例調査・研究事業費	18
男女共同参画センターデジタル化調査事業費	10
計	2,512

（ロ）　高齢者活躍・参画の推進

追　　　加　　　　4,157(百万円)

上記の追加額は、高齢者のデジタルリテラシー向上のための助言・相談等に必要な経費であって、その内訳は次のとおりである。

（単位　百万円）

項目	金額
デジタル活用支援推進事業費	2,098
シルバー人材センター就業環境整備促進事業費	660

項目	金額(百万円)
介護予防・地域ささえあいサポート拠点整備モデル事業費	500
シルバー会員就業支援事業費	186
認知症早期発見・早期介入実証プロジェクト事業費	160
認知症施策推進計画策定支援事業費	134
後期高齢者医療制度周知広報費	110
データヘルス標準化検証経費	82
デジタル推進委員ポータル機能改修事業費	69
対馬丸事件教訓継承支援事業費	63
多世代参画による地域活力プラットフォーム構築調査事業費	40
地域包括支援センターICT等導入支援事業費	29
「未来志向型モデルプロジェクト」調査事業費	26
計	4,157

⑤ 困難に直面する者・世帯への支援等による安心・安全の確保

追　　加　　　451,973(百万円)

（イ）　孤独・孤立対策、生活困窮者の生活再建に向けた支援等

追　　加　　　14,986(百万円)

上記の追加額は、孤独・孤立に陥る危険性の高い生活困窮者等の困難に直面する方々への相談支援等に必要な経費であって、その内訳は次のとおりである。

（単位　百万円）

項目	金額
生活困窮者自立支援機能強化事業費	4,599
社会参加活躍支援等孤独・孤立対策推進交付金	2,400
自殺防止対策強化事業費	2,034
被保護者就労準備支援等加速化事業費	1,688
被保護者金銭管理支援モデル事業費	1,287
被保護者健康管理支援モデル事業費	619
生活困窮者等支援民間団体活動助成事業費	518
貧困ビジネス対策事業費	415
孤独・孤立に関する統一的な相談窓口等整備事業費	410
地域における孤独・孤立対策に関するNPO等の取組モデル調査事業費	240
居住支援協議会等活動支援事業費	220
多機関協働居住継続支援体制整備促進事業費	150
就労準備支援事業等の未実施地方公共団体への導入支援事業費	115
生活困窮者総合型就労支援モデル構築調査研究事業費	102
社会福祉法人連携・協働支援事業費	100
重層的支援体制整備都道府県後方支援事業費	51
生活困窮者支援都道府県研修実施体制等整備加速化事業費	38
計	14,986

（ロ）　障害者の社会参加や地域移行の推進

追　　加　　　41,985(百万円)

上記の追加額は、必要な障害福祉サービス等を確保し、障害者の希望する地域生活の実現等に必要な経費であって、その内訳は次のとおりである。

（単位　百万円）

項目	金額
障害者自立支援給付費負担金	37,019
障害者支援施設等整備事業費	3,129
障害福祉分野における相談支援体制等強化事業費	591
災害時情報共有システム改修等事業費	256
依存症に係る調査研究事業費	218
情報バリアフリーの推進に向けたICT機器等開発普及推進事業費	131
農福連携プラス推進モデル事業費	128
国立障害者リハビリテーションセンター支援体制整備事業費	126
特別支援学校卒業後における生活介護利用モデル作成事業費	100
就労選択支援員養成等事業費	70
重度障害者の自立・社会参加促進事業費	63
障害者に対する偏見や差別のない共生社会の実現推進支援事業費	52
障害福祉サービス事業所等における環境改善支援事業費	50
強度行動障害者支援のための中核的人材養成研修事業費	21
手話の普及・啓発推進事業費	17

事業名	金額
障害者の希望する生活の実現に向けた周知広報事業費	8
教育と福祉の連携促進検討事業費	6
計	41,985

(ハ) 旧優生保護法に基づく優生手術等を受けた者等に対する補償金等の支給等

追　　　加　　　　87,803(百万円)

上記の追加額は、旧優生保護法に基づく優生手術等を受けた者とその配偶者に対する補償金に加えて、旧優生保護法に基づく人工妊娠中絶等を受けた者に対する人工妊娠中絶一時金の支給等に必要な経費である。

(ニ) 次の感染症危機への備え等

追　　　加　　　　45,024(百万円)

上記の追加額は、次の感染症危機に備え、医療用物資の備蓄、医療機関の施設改修等に必要な経費であって、その内訳は次のとおりである。

（単位　百万円）

事業名	金額
医療用物資の備蓄等事業費	15,831
感染症対策強化事業費	13,291
新興感染症対応力強化事業費	8,520
国立高度専門医療研究センター設備整備費	2,811
ＩＣＴ機器活用勤務環境改善モデル事業費	2,596
看護現場におけるＤＸ促進事業費	279
地域医療提供体制データ分析チーム構築支援事業費	240
適切受診等広報・実態調査等事業費	201
共用試験公的化に係る実施体制整備事業費	199
長時間労働診療科等人材確保勤務環境改善調査等事業費	194
歯科専門職の業務の普及啓発・人材確保実証事業費	163
医師の働き方改革に関する広報・調査支援事業費	150
全世代向けモデル歯科健康診査等実施事業費	139
臨床研修費等補助金	112
医師の働き方改革に係る地域医療への影響等に関する調査事業費	81
地域強化型看護基礎教育カリキュラム調査検証事業費	48
地域の在宅医療の体制整備に向けた連携支援事業費	35
重症患者診療体制整備事業費	33
中央ナースセンター事業費	31
中堅期看護職員等の就業継続支援事業費	28
在宅医療効率化等実態調査事業費	13
歯科オンライン診療研修・調査事業費	10
救急救命士国家資格等情報連携・活用システム事業費	10
病院救急車機能向上推進事業費	7
歯科技工所体制評価検討事業費	3
計	45,024

(ホ) 消費者政策を通じた経済活動の促進

追　　　加　　　　2,485(百万円)

上記の追加額は、消費者相談や消費者教育の強化等に必要な経費であって、その内訳は次のとおりである。

（単位　百万円）

事業名	金額
地方消費者行政強化交付金	1,600
消費生活相談体制強化事業費	397
機能性表示食品信頼性確保等調査事業費	148
消費者被害の未然防止に資するデジタル技術の活用に係る調査研究事業費	95
食品寄附ＤＸ推進事業費	70
「送料無料」表示の見直しに関する調査事業費	47
機能性表示食品の買上調査による検証事業費	43
樹脂原料等有害物質の食品健康影響評価に関する調査事業費	40
デジタル社会における消費者取引対策等事業費	35
食物アレルギー表示制度検証推進事業費	5
外食・中食における食物アレルギーに関する情報提供推進事業費	5
計	2,485

(ヘ) そ　の　他

追　　　加　　　　259,692(百万円)

上記の追加額の内訳は、次のとおりである。

(単位 百万円)

項目	金額
貨幣回収準備資金へ繰入	78,603
建設アスベスト給付金等支給経費	34,403
令和7年国勢調査の円滑な実施に向けた環境整備費	29,659
B型肝炎給付金等支給経費	20,976
全国健康保険協会保険給付費等補助金	18,758
新型コロナウイルス予防接種健康被害給付費負担金	18,050
サイバーセキュリティ対策強化経費	8,876
出入国在留管理体制強化経費	7,163
社会福祉施設職員等退職手当共済事業給付費補助金	6,825
花粉症解決に向けた緊急総合対策事業費	5,655
税関取締・検査機器等整備費	3,610
自動車事故発生防止等事業費	3,500
がんゲノム情報レポジトリーシステム改修事業費	2,364
産業廃棄物処理施設整備費	2,329
国境離島警備隊強化経費	2,167
捜査・公判体制等強化経費	1,590
検疫所の設備等整備事業費	1,489
血しょう分画製剤の国内自給等体制整備事業費	1,324
健康管理システム改修事業費	1,206
医療機関等危機対応融資の償還相談等受付体制強化に要する経費	1,188
水俣病総合対策に係る地域振興等事業費	1,127
有機フッ素化合物対策推進費	1,021
移植医療対策推進費	984
テロ対策強化経費	699
通信傍受機器等整備費	690
公的統計DX推進事業費	651
公安調査庁情報収集・分析能力強化経費	594
国立ハンセン病資料館施設整備費	475
権利擁護支援モデル事業費	420
特定外来生物駆除等事業費	400
沖縄における防犯カメラ緊急整備事業費	324
機能性表示食品等健康被害対策強化事業費	315
国立研究開発法人海上・港湾・航空技術研究所運営費交付金	260
アイヌ政策推進交付金	250
地域若者サポートステーション相談支援体制強化事業費	201
誹謗中傷等からアスリートを守るための法務支援体制構築事業費	194
医療分野における経営状況に関するデータベース整備事業費	167
レセプト情報等活用データヘルス推進事業費	160
歩行空間における自律移動支援の普及・高度化に向けたDXの推進費	150
脳卒中・心臓病等総合支援等事業費	146
医療事故調査報告書分析・実践研修事業費	90
地域共生社会人材養成等調査研究事業費	72
医師等国家試験体制整備等事業費	70
家畜伝染病・家畜衛生対策費	68
郵便料金の制度検討調査費	60
公共交通等の事故等調査体制強化に要する経費	59
政策立案・評価に係る政策分析調査研究費	54
公益法人・公益信託制度推進事業費	42
若者自立支援中央センター相談支援体制等強化事業費	41
「幸福度・満足度」による新経済指標調査事業費	33
製造物責任海外動向調査事業費	30
ギャンブル等依存症対策調査事業費	30
療養費制度見直し等経費	27
主要農畜水産物有害化学物質実態調査事業費	26
歯科ヒヤリ・ハット事例収集等事業費	20
こども連れ移動環境整備促進調査費	8
計	259,692

4 その他の経費

追　　加　　　176,799(百万円)

（1）防衛力強化資金へ繰入

追　　加　　　109,610(百万円)

上記の追加額は、「我が国の防衛力の抜本的な強化等のために必要な財源の確保に関する特別措置法」（令5法69）に基づく防衛力強化資金に繰り入れるために必要な経費である。

(2) 貨幣交換差減補塡金

　追　　加　　　　　　　26,651(百万円)

上記の追加額は、国庫金の出納上、外貨送金のための為替取組等における邦貨との換算価格の差異によって生じた差減額を補塡するために必要な経費である。

(3) 東日本大震災復興特別会計へ繰入

　追　　加　　　　　　　10,911(百万円)

上記の追加額は、「特別会計に関する法律」（平19法23)等に基づく東日本大震災復興特別会計に繰り入れるために必要な経費である。

(4) そ の 他

　追　　加　　　　　　　29,628(百万円)

上記の追加額の内訳は、次のとおりである。

（単位　百万円）

電源利用対策費エネルギー対策特別会計へ繰入	11,145
借入金諸費の支払財源の年金特別会計健康勘定へ繰入	3,499
新型コロナウイルス感染症に係る感染症予防事業費等負担金	3,114
国選弁護人確保業務等経費	2,240
光熱水料等経費	1,947
都道府県警察実費弁償金	1,462
キャッシュレス納付手数料に要する経費	1,418
新型コロナウイルス感染症対策地方税減収補塡特別交付金	1,234
被収容者食糧費	1,124
郵便料金改定に伴う経費	942
貨幣製造費	594
在留カード調達経費	498
国民健康保険特定健康診査・保健指導負担金	412
計	29,628

5　国債整理基金特別会計へ繰入

　追　　加　　　　　　　425,891(百万円)

上記の追加額は、「財政法」(昭22法34)に基づく5年度の決算上の剰余金の2分の1に相当する額の公債の償還財源に充てるための国債整理基金特別会計へ繰入れに必要な経費である。

6　地方交付税交付金

　追　　加　　　　　　　1,039,843(百万円)

上記の追加額は、今回の補正予算において所得税、法人税及び消費税の追加見込額を計上することに伴う地方交付税交付金の追加額並びに5年度の地方交付税に相当する金額のうち未繰入額を、交付税及び譲与税配付金特別会計へ繰り入れるために必要な経費（「国民の安心・安全と持続的な成長に向けた総合経済対策」を実施するために必要な経費分を除く)である。

7　既定経費の減額

　修 正 減 少　　　△　1,630,270(百万円)

既定経費の不用額は1,630,270百万円である。このうち、国債費に係るものは、1,526,767百万円である。

既定経費の不用に伴う修正減少額の所管別内訳は、次のとおりである。

（単位　百万円）

国　　　　会	△	338
裁　判　所	△	455
会 計 検 査 院	△	344
内　　　　閣	△	416
内　閣　府	△	55,227
デジタル庁	△	2,549
総　務　省	△	891
法　務　省	△	2,120
外　務　省	△	1,012
財　務　省	△	1,527,881
文 部 科 学 省	△	364
厚 生 労 働 省	△	16,613
農 林 水 産 省	△	4,093
経 済 産 業 省	△	12,022
国 土 交 通 省	△	2,238
環　境　省	△	162
防　衛　省	△	3,548
計	△	1,630,270

8　国庫債務負担行為の追加

公共事業等について、次のとおり、所要の国庫債務負担行為の追加を行うこととしている。

（単位　百万円）

	限　度　額
公 共 事 業 関 係 費	224,244
治 水 事 業	44,308
治 山 事 業	7,854
海 岸 事 業	3,310
道 路 整 備 事 業	74,678
港 湾 整 備 事 業	39,271
船舶交通安全基盤整備事業	3,687
都 市 環 境 整 備 事 業	3,398
国 営 公 園 等 事 業	293

農業農村整備事業	11,873		自衛隊施設整備	56,010
森林整備事業	2,830		国立研究開発法人産業技術総合研究所施設整備費補助	54,300
水産基盤整備事業	5,267		特定先端大型研究施設整備費補助	53,405
災害復旧事業	7,800		月面探査システム開発費補助	49,000
災害関連事業	19,675			
その他	1,043,457		再生・細胞医療・遺伝子治療製造設備整備費補助	38,332
中堅・中小企業省人化等大規模成長投資促進事業費補助	300,000		その他	276,696
提供施設移設整備	80,040		計	1,267,701
グローバルサウス未来志向型共創等事業費補助	72,400			
実用準天頂衛星システム開発等	63,274			

（B）歳　　入

歳入の内訳は、次のとおりである。

（単位　百万円）

	6 年 度			5 年 度
	当　初	補　正	計	
租税及印紙収入	69,608,000	3,827,000	73,435,000	69,611,000
税　外　収　入	7,514,688	1,866,795	9,381,483	10,080,310
公　債　金	35,449,000	6,690,000	42,139,000	44,498,000
前年度剰余金受入	—	1,559,490	1,559,490	3,391,090
計	112,571,688	13,943,285	126,514,974	127,580,400

1　租税及印紙収入

	6年度(百万円)	5年度(百万円)
当　初	69,608,000	
補　正	3,827,000	
計	73,435,000	69,611,000

上記の補正額の内訳は、次のとおりである。

（単位　百万円）

租　税	3,827,000
所　得　税	2,204,000
源泉所得税	1,632,000
申告所得税	572,000
法　人　税	1,008,000
相　続　税	95,000
消　費　税	520,000

（1）　源泉所得税は、配当所得等が増加するものと見込まれること等により
（2）　申告所得税は、個人の譲渡所得等が増加するものと見込まれること等により
（3）　法人税は、法人企業の申告所得が増加するものと見込まれること等により
（4）　相続税は、課税価額が増加するものと見込まれること等により
（5）　消費税は、課税額が増加するものと見込まれること等により
　　それぞれ最近までの収入実績等を勘案して増加見込額を計上したものである。

2　税　外　収　入

（1）　政府資産整理収入

	6年度(百万円)	5年度(百万円)
当　初	229,410	
補　正	18,288	
計	247,698	690,617

上記の補正額の内訳は、次のとおりである。

（単位　百万円）

東日本大震災復興国有財産売払収入	
土地売払代	501
政府出資回収金収入	
国立研究開発法人日本医療研究開発機構出資回収金	11,196
国立研究開発法人科学技術振興機構出資回収金	6,591
計	18,288

①　東日本大震災復興国有財産売払収入は、「国家公務員宿舎の削減計画」に基づき用途が廃止された宿舎の跡地の売払収入実績による増加額を計上したものである。
②　政府出資回収金収入は、「独立行政法人通則法」(平11法103)に基づく不要財産の国庫納付を計上したものである。

（2）　雑　　収　　入

	6年度(百万円)	5年度(百万円)
当　初	7,229,932	
補　正	1,848,507	
計	9,078,439	9,339,125

上記の補正額の内訳は、次のとおりである。

(単位 百万円)

区分	追加額	修正減少額	補正額
配当金収入			
日本郵政株式会社配当金収入	4,070	—	4,070
日本アルコール産業株式会社配当金収入	4	—	4
輸出入・港湾関連情報処理センター株式会社配当金収入	8	—	8
独立行政法人日本スポーツ振興センター納付金			
独立行政法人日本スポーツ振興センター納付金	2,288	—	2,288
雑納付金			
独立行政法人国立公文書館納付金	17	—	17
国立研究開発法人情報通信研究機構納付金	567	—	567
独立行政法人統計センター納付金	—	△ 145	△ 145
株式会社国際協力銀行納付金	—	△ 37	△ 37
預金保険機構納付金	544	—	544
独立行政法人造幣局納付金	347	—	347
独立行政法人国立印刷局納付金	554	—	554
独立行政法人教職員支援機構納付金	28	—	28
独立行政法人日本学生支援機構納付金	415	—	415
独立行政法人国立高等専門学校機構納付金	520	—	520
独立行政法人大学改革支援・学位授与機構納付金	—	△ 65	△ 65
独立行政法人国立病院機構納付金	20,589	—	20,589
独立行政法人医薬品医療機器総合機構納付金	320	—	320
独立行政法人農林水産消費安全技術センター納付金	—	△ 93	△ 93
独立行政法人農畜産業振興機構納付金	3,865	—	3,865
独立行政法人経済産業研究所納付金	690	—	690
独立行政法人製品評価技術基盤機構納付金	186	—	186
独立行政法人中小企業基盤整備機構納付金	95,833	—	95,833
独立行政法人都市再生機構納付金	12,194	—	12,194
独立行政法人住宅金融支援機構納付金	10,611	—	10,611
独立行政法人環境再生保全機構納付金	2,532	—	2,532
独立行政法人駐留軍等労働者労務管理機構納付金	74	—	74
東日本大震災復興雑納付金			
独立行政法人農畜産業振興機構納付金	0	—	0
防衛力強化特別会計受入金			

(単位　百万円)

	追加額	修正減少額	補正額
労働保険特別会計受入金	20,087	—	20,087
公共事業費負担金			
海岸整備事業費負担金	3,387	—	3,387
治山事業費負担金	1,102	—	1,102
河川等整備事業費負担金	50,220	—	50,220
多目的ダム建設等事業電気事業者等工事費負担金	3,054	△　19	3,035
道路整備事業費負担金	62,091	—	62,091
港湾整備事業費負担金	28,758	—	28,758
国営公園整備事業費負担金	139	—	139
土地改良事業費負担金	10,424	—	10,424
特定漁港漁場整備事業費負担金	1,533	—	1,533
河川等災害復旧事業費負担金	16,432	—	16,432
水資源開発施設災害復旧事業費負担金	10	—	10
農業用施設災害復旧事業費負担金	64	—	64
治山災害復旧事業費負担金	39	—	39
漁港災害復旧事業費負担金	42	—	42
河川等災害関連事業費負担金	36,341	—	36,341
直轄地すべり対策災害関連緊急事業費負担金	242	—	242
治山等災害関連緊急事業費負担金	697	—	697
受託調査試験及役務収入			
受託工事収入	4,230	—	4,230
弁償及返納金			
返納金	1,288,581	—	1,288,581
防衛力強化弁償及返納金			
返納金	163,275	—	163,275
脱炭素成長型経済構造移行推進弁償及返納金			
返納金	198	—	198
附帯工事費負担金			
附帯工事費負担金	1,663	—	1,663
計	1,848,865	△　358	1,848,507

①　配当金収入は、政府出資金に対する配当金の収入見込等による増加見込額を計上したものである。

②　独立行政法人日本スポーツ振興センター納付金は、「独立行政法人日本スポーツ振興センター法」(平14法162)に基づき独立行政法人日本スポーツ振興センターから納付された納付金の受入実績による増加額を計上したものである。

③　株式会社国際協力銀行納付金は、「株式会社国際協力銀行法」(平23法39)に基づき株式会社国際協力銀行から納付された納付金の受入実績による減少額を計上したものである。

④　預金保険機構納付金は、「預金保険法」(昭46法34)に基づき預金保険機構から納付された納付金の受入実績による増加額を計上したものである。

⑤　20独立行政法人納付金は、各独立行政法人の個別法に基づき5年度末に中期目標

等の期間が終了した各独立行政法人から納付された納付金及び「独立行政法人通則法」（平11法103）に基づく不要財産の国庫納付の受入実績等による増加又は減少額を計上したものである。

⑥ 東日本大震災復興雑納付金は、「独立行政法人通則法」（平11法103）に基づき独立行政法人農畜産業振興機構から納付された納付金の受入実績額を計上したものである。

⑦ 防衛力強化特別会計受入金は、「我が国の防衛力の抜本的な強化等のために必要な財源の確保に関する特別措置法」（令5法69）に基づく防衛力整備計画対象経費の財源又は防衛力強化資金への繰入れの財源に充てるための労働保険特別会計雇用勘定からの受入額の増加見込額を計上したものである。

⑧ 公共事業費負担金は、本年度の一般会計で実施する直轄事業費を追加又は修正減少することに伴い、地方公共団体等が負担する負担金の受入額の増加又は減少見込額を計上したものである。

⑨ 受託調査試験及役務収入は、治水事業等に関連して受け入れる受託工事費の受入額の増加見込額を計上したものである。

⑩ 弁償及返納金は、国庫補助金及び国庫補助金により造成された基金等に係る返納金並びに「特定B型肝炎ウイルス感染者給付金等の支給に関する特別措置法」（平23法126）に基づく基金の造成に要する経費の財源に充てるための地方公共団体の介護基盤緊急整備等臨時特例基金に係る返納金の収入見込等による増加見込額を計上したものである。

⑪ 防衛力強化弁償及返納金は、「我が国の防衛力の抜本的な強化等のために必要な財源の確保に関する特別措置法」（令5法69）に基づく防衛力整備計画対象経費の財源又は防衛力強化資金への繰入れの財源に充てるための新型コロナウイルスワクチン接種体制確保事業費臨時補助金等に係る返納金の収入見込額を計上したものである。

⑫ 脱炭素成長型経済構造移行推進弁償及返納金は、「脱炭素成長型経済構造への円滑な移行の推進に関する法律」（令5法32）に基づくエネルギー対策特別会計エネルギー需給勘定への繰入れの財源に充てるためのクリーンエネルギー自動車導入促進事業費補助金及び脱炭素化産業成長促進対策費補助金に係る返納金の収入実績額を計上したものである。

⑬ 附帯工事費負担金は、河川工事等に伴い必要となる附帯工事について地方公共団体が負担する負担金の受入額の増加見込額を計上したものである。

3　公　債　金

	6年度(百万円)	5年度(百万円)
当　　初	35,449,000	
公　債　金	6,579,000	
特例公債金	28,870,000	
補　　正	6,690,000	
公　債　金	3,080,000	
特例公債金	3,610,000	
計	42,139,000	44,498,000

（1）上記補正額（公債金）は、「財政法」（昭22法34）第4条第1項ただし書の規定による公債発行予定額の増加に伴う公債金収入の増加額を計上したものである。

なお、今回の予算補正に伴い、「財政法」（昭22法34）第4条第3項の規定による公共事業費並びに出資金及び貸付金の合計額は10,188,877百万円となる。

（2）上記補正額（特例公債金）は、「財政運営に必要な財源の確保を図るための公債の発行の特例に関する法律」（平24法101）第3条第1項の規定による公債発行予定額の増加に伴う公債金収入の増加額を計上したものである。

4　前年度剰余金受入

	6年度(百万円)	5年度(百万円)
当　　初		—
前年度剰余金受入		—
東日本大震災復興前年度剰余金受入		—

防衛力強化前年度剰余金受入	—	
脱炭素成長型経済構造移行推進前年度剰余金受入	—	
補　　　　　正	1,559,490	
前年度剰余金受入	1,093,762	
東日本大震災復興前年度剰余金受入	10,410	
防衛力強化前年度剰余金受入	422,314	
脱炭素成長型経済構造移行推進前年度剰余金受入	33,005	
計	1,559,490	3,391,090

（1）　上記補正額（前年度剰余金受入）は、5年度の決算上の剰余金のうち、歳出予算補正の財源に充てるための受入額（復興費用及び復興債の償還費用の財源、防衛力整備計画対象経費の財源又は防衛力強化資金への繰入れの財源並びに脱炭素成長型経済構造への円滑な移行の推進に関する施策に要する費用に充てるための受入額を除く。）を計上したものである。

（2）　上記補正額（東日本大震災復興前年度剰余金受入）は、5年度の決算上の剰余金のうち、復興費用及び復興債の償還費用の財源の東日本大震災復興特別会計への繰入金の歳出予算補正の財源に充てるための受入額を計上したものである。

（3）　上記補正額（防衛力強化前年度剰余金受入）は、5年度の決算上の剰余金のうち、「我が国の防衛力の抜本的な強化等のために必要な財源の確保に関する特別措置法」（令5法69）に基づく防衛力整備計画対象経費の財源又は防衛力強化資金への繰入れの財源の歳出予算補正の財源に充てるための受入額を計上したものである。

（4）　上記補正額（脱炭素成長型経済構造移行推進前年度剰余金受入）は、5年度の決算上の剰余金のうち、「脱炭素成長型経済構造への円滑な移行の推進に関する法律」（令5法32）に基づく脱炭素成長型経済構造への円滑な移行の推進に関する施策に要する費用の歳出予算補正の財源に充てるための受入額を計上したものである。

（参考）　公共事業費、出資金及び貸付金の補正額調

（単位　百万円）

事　　項	6年度成立予算額	補正額 追加額	補正額 修正減少額	補正額 差引額	改6年度予算額
1　公共事業費					
（1）公共事業関係費					
治山治水対策事業費	788,651	316,301	△　302	316,000	1,104,651
道路整備事業費	1,423,266	338,799	△　372	338,427	1,761,693
港湾空港鉄道等整備事業費	307,465	76,436	△　259	76,177	383,642
住宅都市環境整備事業費	585,898	216,052	△　85	215,968	801,865
公園水道廃棄物処理等施設整備費	195,874	97,012	△　72	96,940	292,814
農林水産基盤整備事業費	570,781	274,736	△　415	274,321	845,102
社会資本総合整備事業費	1,377,105	411,752	—	411,752	1,788,857
推進費等	62,338	9,347	—	9,347	71,685
災害復旧等事業費	67,654	389,854	—	389,854	457,508
小　　計	5,379,031	2,130,290	△　1,504	2,128,786	7,507,817
（2）その他施設費					
衆議院施設費	2,171	438	—	438	2,609
参議院施設費	1,119	176	—	176	1,295
国立国会図書館施設費	1,053	483	—	483	1,536

(単位 百万円)

事項	6年度成立予算額	補正額 追加額	補正額 修正減少額	補正額 差引額	改予算額 6年度
裁判所施設費	14,639	1,525	—	1,525	16,164
会計検査院施設費	—	314	—	314	314
内閣官房施設費	1,619	722	—	722	2,341
情報収集衛星施設費	1,047	—	—	—	1,047
人事院（施設整備費に限る。）	13	1,065	—	1,065	1,078
内閣本府施設費	5,336	883	—	883	6,219
独立行政法人国立公文書館施設整備費	—	182	—	182	182
沖縄政策費（沖縄科学技術大学院大学学園施設整備費補助金に限る。）	1,818	468	—	468	2,286
沖縄振興交付金事業推進費（沖縄振興公共投資交付金に限る。）	36,806	6,239	—	6,239	43,045
沖縄教育振興事業費	4,440	1,321	—	1,321	5,761
沖縄国立大学法人施設整備費	14,262	—	—	—	14,262
地方創生推進費（地方創生拠点整備交付金に限る。）	5,000	—	—	—	5,000
公正取引委員会施設費	—	1,310	—	1,310	1,310
警察庁施設費	8,927	4,119	△ 2	4,118	13,045
交通警察費（都道府県警察施設整備費補助金及び都道府県警察施設災害復旧費補助金に限る。）	16,828	267	—	267	17,095
警察活動基盤整備費（都道府県警察施設整備費補助金及び都道府県警察施設災害復旧費補助金に限る。）	5,534	66	—	66	5,600
個人情報保護委員会施設費	—	152	—	152	152
金融庁施設費	—	933	—	933	933
子ども・子育て支援年金特別会計へ繰入（地域子ども・子育て支援施設整備事業年金特別会計へ繰入に限る。）	—	1,283	—	1,283	1,283
国立児童自立支援施設整備費	39	67	—	67	106
児童福祉施設等整備費	31,614	100,340	—	100,340	131,954
総務本省施設費	1,039	—	—	—	1,039
国立研究開発法人情報通信研究機構施設整備費	311	—	—	—	311
情報通信技術利用環境整備費（放送ネットワーク整備支援事業費補助金に限る。）	1,246	2,201	—	2,201	3,447
消防庁施設費	45	24	—	24	69
消防防災体制等整備費（消防防災施設整備費補助金に限る。）	1,372	—	—	—	1,372
更生保護企画調整推進費（更生保護施設整備費補助金に限る。）	27	475	—	475	502
法務省施設費	22,310	19,256	—	19,256	41,566
外務本省施設費	921	679	—	679	1,600
独立行政法人国際協力機構施設整備費	709	1,122	—	1,122	1,831
在外公館施設費	6,166	8,442	—	8,442	14,609
財務本省施設費	263	158	—	158	422

(単位 百万円)

事項	6年度成立予算額	補正額 追加額	補正額 修正減少額	補正額 差引額	改6年度予算額
公務員宿舎施設費	7,280	—	—	—	7,280
特定国有財産整備費	9,169	—	—	—	9,169
財務局施設費	295	—	—	—	295
税関施設費	451	1,036	—	1,036	1,487
船舶建造費(税関分)	1,079	179	—	179	1,258
国税庁施設費	2,850	1,175	—	1,175	4,025
独立行政法人酒類総合研究所施設整備費	—	133	—	133	133
文部科学本省施設費	—	895	—	895	895
教育政策推進費(放送大学学園施設整備費補助金に限る。)	—	198	—	198	198
独立行政法人教職員支援機構施設整備費	—	157	—	157	157
独立行政法人国立青少年教育振興機構施設整備費	—	1,267	—	1,267	1,267
独立行政法人国立女性教育会館施設整備費	—	101	—	101	101
独立行政法人国立特別支援教育総合研究所施設整備費	—	46	—	46	46
独立行政法人大学入試センター施設整備費	—	210	—	210	210
独立行政法人国立高等専門学校機構船舶建造費	—	5,525	—	5,525	5,525
独立行政法人国立高等専門学校機構施設整備費	2,317	8,154	—	8,154	10,471
私立学校振興費(私立学校建物其他災害復旧費補助金及び私立学校施設整備費補助金に限る。)(文部科学本省分)	5,649	13,882	—	13,882	19,532
研究振興費(特定先端大型研究施設整備費補助金に限る。)	340	20,681	—	20,681	21,021
国立大学法人施設整備費	36,559	65,839	—	65,839	102,399
国立研究開発法人物質・材料研究機構施設整備費	—	2,199	—	2,199	2,199
国立研究開発法人科学技術振興機構施設整備費	139	1,620	—	1,620	1,759
国立研究開発法人理化学研究所施設整備費	—	11,090	—	11,090	11,090
国立研究開発法人量子科学技術研究開発機構施設整備費	3,956	7,326	—	7,326	11,283
国立研究開発法人防災科学技術研究所施設整備費	—	3,653	—	3,653	3,653
国立研究開発法人海洋研究開発機構船舶建造費	3,736	5,230	—	5,230	8,966
国立研究開発法人海洋研究開発機構施設整備費	—	237	—	237	237
国立研究開発法人宇宙航空研究開発機構施設整備費	6,146	2,754	—	2,754	8,899
国立研究開発法人日本原子力研究開発機構施設整備費	—	751	—	751	751
公立文教施設整備費	68,777	227,753	—	227,753	296,530
独立行政法人日本学生支援機構施設整備費	—	508	—	508	508
私立学校振興費(スポーツ庁分)	80	—	—	—	80

(単位 百万円)

事項	6年度成立予算額	補正額 追加額	補正額 修正減少額	補正額 差引額	改6年度予算額
独立行政法人日本スポーツ振興センター施設整備費	—	1,971	—	1,971	1,971
文化庁施設費	—	96	—	96	96
文化財保存事業費(国宝重要文化財等防災施設整備費補助金及び史跡等購入費補助金に限る。)	12,316	8,406	—	8,406	20,722
文化財保存施設整備費	568	—	—	—	568
独立行政法人国立科学博物館施設整備費	—	584	—	584	584
独立行政法人国立美術館施設整備費	100	507	—	507	607
独立行政法人国立文化財機構施設整備費	—	530	—	530	530
独立行政法人日本芸術文化振興会施設整備費	—	503	—	503	503
厚生労働本省施設費	144	—	—	—	144
独立行政法人国立病院機構施設整備費	—	6,476	—	6,476	6,476
国立研究開発法人国立がん研究センター施設整備費	—	284	—	284	284
国立研究開発法人国立精神・神経医療研究センター施設整備費	1,020	—	—	—	1,020
国立研究開発法人国立国際医療研究センター施設整備費	—	3,739	—	3,739	3,739
国立研究開発法人国立成育医療研究センター施設整備費	1,472	—	—	—	1,472
ハンセン病資料館施設費	588	475	—	475	1,062
医療提供体制基盤整備費(医療施設等施設整備費補助金、医療施設等災害復旧費補助金及び医療提供体制施設整備交付金に限る。)	5,254	25,605	—	25,605	30,859
保健衛生施設整備費	3,869	—	—	—	3,869
昭和館施設費	—	557	—	557	557
独立行政法人国立重度知的障害者総合施設のぞみの園施設整備費	—	113	—	113	113
社会福祉施設整備費	4,917	12,309	—	12,309	17,226
障害保健福祉費(心神喪失者等医療観察法指定入院医療機関施設整備費負担金に限る。)	438	728	—	728	1,166
介護保険制度運営推進費(社会福祉施設等災害復旧費補助金及び地域介護・福祉空間整備等施設整備交付金に限る。)	1,167	10,287	—	10,287	11,454
国立研究開発法人医薬基盤・健康・栄養研究所施設整備費	253	—	—	—	253
検疫所施設費	111	93	—	93	204
国立ハンセン病療養所施設費	3,151	1,798	—	1,798	4,949
厚生労働本省試験研究所施設費	413	261	—	261	674
国立障害者リハビリテーションセンター施設費	37	283	—	283	320
地方厚生局施設費	80	—	—	—	80
都道府県労働局施設費	175	52	—	52	226

(単位　百万円)

事項	6年度成立予算額	補正額 追加額	補正額 修正減少額	補正額 差引額	改6年度予算額
農林水産本省施設費	311	242	—	242	553
新市場創出対策費(新市場創出対策整備費補助金に限る。)	—	2,000	—	2,000	2,000
農林水産物・食品輸出促進対策費(農林水産物・食品輸出促進対策整備交付金に限る。)	152	5,012	—	5,012	5,164
食料安全保障確立対策費(食料安全保障確立対策整備交付金に限る。)	94	143	—	143	236
担い手育成・確保等対策費(担い手育成・確保等対策地方公共団体整備費補助金に限る。)	398	147	—	147	545
農地集積・集約化等対策費(農地集積・集約化等対策整備交付金に限る。)	19,843	—	—	—	19,843
農業生産基盤整備推進費(特殊自然災害対策整備費補助金及び農業水利施設保全管理整備交付金に限る。)	29,443	—	—	—	29,443
国産農産物生産基盤強化等対策費(国産農産物生産基盤強化等対策整備費補助金、国産農産物生産基盤強化等対策地方公共団体整備費補助金、新基本計画実装・農業構造転換支援地方公共団体整備費補助金及び国産農産物生産基盤強化等対策整備交付金に限る。)	2,350	76,220	—	76,220	78,570
国立研究開発法人農業・食品産業技術総合研究機構施設整備費(農林水産本省分)	146	—	—	—	146
独立行政法人家畜改良センター施設整備費	65	1,267	—	1,267	1,332
農業・食品産業強化対策費(農業・食品産業強化対策整備交付金に限る。)	11,972	5,729	—	5,729	17,701
農林水産業環境政策推進費(農林水産業環境政策推進整備交付金に限る。)	80	1,775	—	1,775	1,855
農山漁村活性化対策費(農山漁村活性化対策整備交付金及び農山漁村情報通信環境整備交付金に限る。)	6,745	3,775	—	3,775	10,520
農林水産本省検査指導所施設費	182	316	—	316	498
農林水産技術会議施設費	150	—	—	—	150
国立研究開発法人農業・食品産業技術総合研究機構施設整備費(農林水産技術会議分)	930	1,813	—	1,813	2,743
国立研究開発法人国際農林水産業研究センター施設整備費	180	—	—	—	180
地方農政局施設費	422	—	—	—	422
北海道農政事務所施設費	22	—	—	—	22
林野庁施設費	992	—	—	—	992
国立研究開発法人森林研究・整備機構施設整備費	424	1,069	—	1,069	1,493
森林整備・林業等振興対策費(森林整備・林業等振興整備交付金に限る。)	5,394	14,877	—	14,877	20,271

(単位 百万円)

事項	6年度成立予算額	補正額 追加額	補正額 修正減少額	補正額 差引額	改6年度予算額
国立研究開発法人水産研究・教育機構施設整備費	—	512	—	512	512
船舶建造費(水産庁分)	205	2,035	—	2,035	2,240
水産業振興対策費(水産業振興対策地方公共団体整備費補助金に限る。)	—	5,000	—	5,000	5,000
漁村活性化対策費(漁村活性化対策地方公共団体整備費補助金に限る。)	450	—	—	—	450
水産業強化対策費(水産業強化対策整備交付金に限る。)	1,821	400	—	400	2,221
経済産業本省施設費	3,003	—	—	—	3,003
独立行政法人日本貿易振興機構施設整備費	—	159	—	159	159
国立研究開発法人産業技術総合研究所施設整備費	—	11,201	—	11,201	11,201
独立行政法人製品評価技術基盤機構施設整備費	—	1,000	—	1,000	1,000
経済産業局施設費	188	—	△ 50	△ 50	137
中小企業政策推進費(中小企業特定施設等災害復旧費補助金に限る。)	—	15,939	—	15,939	15,939
国土交通本省施設費	70	30	—	30	100
河川管理施設整備費	51	—	—	—	51
独立行政法人航空大学校施設整備費	—	97	—	97	97
整備新幹線建設推進高度化等事業費	1,603	133	—	133	1,736
独立行政法人海技教育機構施設整備費	—	150	—	150	150
独立行政法人海技教育機構船舶建造費	—	55	—	55	55
離島振興費(小笠原諸島振興開発事業費補助に限る。)	902	480	—	480	1,382
国立研究開発法人土木研究所施設整備費	360	1,266	—	1,266	1,626
国立研究開発法人建築研究所施設整備費	77	399	—	399	475
国立研究開発法人海上・港湾・航空技術研究所施設整備費	100	1,278	—	1,278	1,378
独立行政法人自動車技術総合機構施設整備費	—	165	—	165	165
官庁営繕費	17,421	5,194	—	5,194	22,616
国土技術政策総合研究所施設費	102	1,148	—	1,148	1,250
国土地理院施設費	60	102	—	102	161
地方整備局施設費	1	46	—	46	47
北海道開発局施設費	36	134	—	134	170
気象官署施設費	73	6,012	△ 6	6,006	6,079
海洋気象観測船建造費	—	7,138	—	7,138	7,138
海上保安官署施設費	4,107	869	—	869	4,976
船舶建造費(海上保安庁分)	31,984	35,877	—	35,877	67,861
環境本省施設費	1,660	—	—	—	1,660
資源循環政策推進費(廃棄物処理施設整備交付金に限る。)	1,198	27,250	—	27,250	28,448

(単位　百万円)

事　　項	6年度成立予算額	補正額 追加額	補正額 修正減少額	補正額 差引額	改予算額 6年度
生物多様性保全等推進費(環境保全施設整備費補助金に限る。)	224	—	—	—	224
環境保全施設整備費	418	936	—	936	1,354
環境保健対策推進費(水俣病総合対策施設整備費補助金に限る。)	307	559	—	559	866
環境調査研修所施設費	—	26	—	26	26
国立研究開発法人国立環境研究所施設整備費	671	600	—	600	1,270
地方環境事務所施設費	40	—	—	—	40
原子力規制委員会施設費	1,799	—	—	—	1,799
防衛本省施設費	2,823	883	—	883	3,706
防衛力基盤強化施設整備費(防衛本省分)	282,217	113,137	△ 21	113,117	395,334
艦船建造費	65,724	16,784	—	16,784	82,508
令和2年度潜水艦建造費	16,372	—	△ 273	△ 273	16,100
令和3年度甲Ⅴ型警備艦建造費	21,126	—	—	—	21,126
令和3年度潜水艦建造費	13,833	5,679	—	5,679	19,512
令和4年度甲Ⅴ型警備艦建造費	43,548	10,851	—	10,851	54,400
令和4年度潜水艦建造費	16,765	9,292	—	9,292	26,057
令和5年度甲Ⅴ型警備艦建造費	17,028	11,329	—	11,329	28,357
令和5年度潜水艦建造費	6,593	8,303	—	8,303	14,897
令和6年度甲Ⅴ型警備艦建造費	1,697	—	—	—	1,697
令和6年度甲Ⅵ型警備艦建造費	585	52,006	—	52,006	52,590
令和6年度潜水艦建造費	6,268	—	—	—	6,268
地方防衛局施設費	194	—	—	—	194
防衛力基盤強化施設整備費(防衛装備庁分)	16,964	918	—	918	17,882
小　　　計	1,032,538	1,082,724	△ 351	1,082,373	2,114,911
計	6,411,569	3,213,015	△ 1,856	3,211,159	9,622,728
2　出　資　金					
預金保険機構出資金	—	3,100	—	3,100	3,100
沖縄振興開発金融公庫出資金	100	—	—	—	100
出資国債等償還財源国債整理基金特別会計へ繰入	201,686	—	—	—	201,686
政府開発援助独立行政法人国際協力機構有償資金協力部門出資金	48,480	32,850	—	32,850	81,330
政府開発援助米州投資公社出資金	28	—	—	—	28
株式会社日本政策金融公庫出資金(財務省分)	46,600	—	—	—	46,600
独立行政法人日本芸術文化振興会出資金	—	20,000	—	20,000	20,000
株式会社日本政策金融公庫出資金(農林水産省分)	74	—	—	—	74
国立研究開発法人森林研究・整備機構出資金	9,144	—	—	—	9,144
国立研究開発法人日本原子力研究開発機構出資金	—	3,400	—	3,400	3,400

(単位　百万円)

事　項	6年度成立予算額	補正額 追加額	補正額 修正減少額	補正額 差引額	改6年度予算額
独立行政法人エネルギー・金属鉱物資源機構出資金	—	67,500	—	67,500	67,500
独立行政法人中小企業基盤整備機構出資金	—	3,000	—	3,000	3,000
独立行政法人住宅金融支援機構出資金	—	2,863	—	2,863	2,863
独立行政法人日本高速道路保有・債務返済機構出資金	29	—	—	—	29
中間貯蔵・環境安全事業株式会社出資金	2,068	3,782	—	3,782	5,850
計	308,209	136,495	—	136,495	444,704
3　貸付金					
災害援護貸付金	150	101	—	101	251
母子父子寡婦福祉貸付金	1,419	—	—	—	1,419
育英資金貸付金	97,434	—	—	—	97,434
都市開発資金貸付金	3,273	2,000	—	2,000	5,273
電線敷設工事資金貸付金	25	—	—	—	25
自動運行補助施設設置工事資金貸付金	25	—	—	—	25
埠頭整備等資金貸付金	8,763	822	—	822	9,585
港湾開発資金貸付金	200	—	—	—	200
特定連絡道路工事資金貸付金	25	—	—	—	25
有料道路整備資金貸付金	7,201	—	—	—	7,201
連続立体交差事業資金貸付金	7	—	—	—	7
計	118,522	2,923	—	2,923	121,445
合　計	6,838,299	3,352,433	△1,856	3,350,577	10,188,877

(備考) 1　上記の計数は、説明の便に供するため、公共事業費については、公共事業関係費は主要経費別、その他施設費は項別によることとし、出資金及び貸付金については、目別によることとした。

2　上記の公共事業関係費の計数は、公共事業関係費 8,431,778 百万円から(1)住宅対策諸費（住宅建設事業調査費及び独立行政法人住宅金融支援機構出資金を除く。）34,665 百万円及び民間都市開発推進機構補給金 3 百万円、(2)航空機燃料税財源空港整備事業費 29,491 百万円、公共事業費負担金相当額 772,489 百万円、受託工事収入人件費等相当額 38,312 百万円、附帯工事費負担金人件費等相当額 13,550 百万円及び河川管理費人件費等相当額 1,073 百万円、(3)国立研究開発法人森林研究・整備機構出資金 9,144 百万円、独立行政法人住宅金融支援機構出資金 2,863 百万円及び独立行政法人日本高速道路保有・債務返済機構出資金 29 百万円並びに(4)都市開発資金貸付金 5,273 百万円、電線敷設工事資金貸付金 25 百万円、自動運行補助施設設置工事資金貸付金 25 百万円、埠頭整備等資金貸付金 9,585 百万円、港湾開発資金貸付金 200 百万円、特定連絡道路工事資金貸付金 25 百万円、有料道路整備資金貸付金 7,201 百万円及び連続立体交差事業資金貸付金 7 百万円の合計 923,960 百万円を控除したものである。

3　成立予算額は、組替え掲記したので、第213回国会において成立した予算額とは符合しない。

第3 特別会計

1 交付税及び譲与税配付金特別会計

今回の一般会計補正予算における所得税、法人税及び消費税の追加見込額を計上することに伴う地方交付税交付金の追加額1,164,572百万円並びに5年度の地方交付税に相当する金額のうち未繰入額667,871百万円の合計額を一般会計から受け入れ、これを財源として「国民の安心・安全と持続的な成長に向けた総合経済対策」の一環として、新たな地方創生施策を推進するため地方交付税交付金を増額するものである。新型コロナウイルス感染症対策地方税減収補塡特別交付金の不足見込額に充てるための追加額1,234百万円は、歳出において新型コロナウイルス感染症対策地方税減収補塡特別交付金を増額するものである。

地方法人税の追加額は、最近までの収入実績等を勘案した増加見込額130,900百万円である。

また、「特別会計に関する法律」(平19法23)に基づく前年度の決算上の剰余金のうち、地方法人税の増収分は111,414百万円であり、これらを財源として総合経済対策の一環として、新たな地方創生施策を推進するため地方交付税交付金を増額することとしている。

財政投融資特別会計より受入の修正減少額200,000百万円は、「地方公共団体金融機構法」(平19法64)に基づき同会計の投資勘定に帰属する地方公共団体金融機構の公庫債権金利変動準備金相当額の受入見込額を減額するものである。

特別法人事業税の増収を計上するとともに、これに伴う特別法人事業譲与税譲与金の補正を行うこととしている。

この会計の予算補正の大要は、次のとおりである。

(単位 百万円)

(歳　入)	当　初	補　正 追　加	補　正 修正減少	計
他 会 計 よ り 受 入	18,121,778	1,833,677	△ 200,000	19,755,455
一 般 会 計 よ り 受 入	17,834,805	1,833,677	—	19,668,482
財政投融資特別会計より受入	230,000	—	△ 200,000	30,000
東日本大震災復興特別会計より受入	56,974	—	—	56,974
地 方 法 人 税	1,975,000	130,900	—	2,105,900
地 方 揮 発 油 税	215,900	—	—	215,900
森 林 環 境 税	43,400	—	—	43,400
石 油 ガ ス 税	4,000	—	—	4,000
特 別 法 人 事 業 税	2,121,300	397,800	—	2,519,100
自 動 車 重 量 税	304,500	—	—	304,500
航 空 機 燃 料 税	14,200	—	—	14,200
特 別 と ん 税	11,300	—	—	11,300
借 入 金	28,112,295	—	—	28,112,295
雑 収 入	2	—	—	2
前 年 度 剰 余 金 受 入	1,645,890	111,414	—	1,757,304
東日本大震災復興前年度剰余金受入	4,144	—	—	4,144

(単位　百万円)

(歳　　入)	当　初	補正 追加	補正 修正減少	計
計	52,573,709	2,473,791	△ 200,000	54,847,501
(歳　　出)				
地方交付税交付金	18,243,909	1,874,757	—	20,118,666
地方特例交付金	1,120,800	—	—	1,120,800
新型コロナウイルス感染症対策地方税減収補塡特別交付金	11,200	1,234	—	12,434
交通安全対策特別交付金	48,680	—	—	48,680
地方揮発油譲与税譲与金	215,300	—	—	215,300
森林環境譲与税譲与金	64,100	—	—	64,100
石油ガス譲与税譲与金	4,300	—	—	4,300
特別法人事業譲与税譲与金	2,118,600	385,900	—	2,504,500
自動車重量譲与税譲与金	301,300	—	—	301,300
航空機燃料譲与税譲与金	14,300	—	—	14,300
特別とん譲与税譲与金	11,400	—	—	11,400
事務取扱費	266	—	—	266
諸支出金	283	—	—	283
国債整理基金特別会計へ繰入	29,710,179	—	—	29,710,179
予備費	2,530	—	—	2,530
計	51,867,147	2,261,891	—	54,129,039

2　国債整理基金特別会計

「財政法」(昭22法34)第6条の規定による公債等の償還財源に充てるための一般会計からの5年度の決算上の剰余金の2分の1に相当する額の受入見込額の増加等に伴い債務償還費等を追加するとともに、公債利子等支払に係る既定経費の修正減少等を行うものである。

この会計の予算補正の大要は、次のとおりである。

(単位　百万円)

(歳　　入)	当　初	補正 追加	補正 修正減少	計
他会計より受入	88,856,307	429,390	△ 3,744,578	85,541,119
東日本大震災復興他会計より受入	25,411	163,904	△ 23,131	166,184
脱炭素成長型経済構造移行推進他会計より受入	59,548	—	—	59,548
租税	114,300	—	—	114,300
公債金	131,500,477	10,642,073	△ 11,939,358	130,203,192
復興借換公債金	3,164,043	—	△ 34,192	3,129,852
脱炭素成長型経済構造移行借換公債金	850,833	—	△ 2,441	848,392
東日本大震災復興株式売払収入	169,152	17,054	—	186,206

(単位 百万円)

(歳 入)	当 初	補 正 追 加	補 正 修正減少	計
東日本大震災復興配当金収入	4,965	7,089	—	12,054
運 用 収 入	98,645	—	—	98,645
東日本大震災復興運用収入	404	1,867	—	2,271
脱炭素成長型経済構造移行推進運用収入	199	1,875	—	2,074
雑 収 入	291,897	—	△ 100,261	191,635
東日本大震災復興雑収入	58	—	—	58
脱炭素成長型経済構造移行推進雑収入	2,748	—	—	2,748
前年度剰余金受入	—	3,428	—	3,428
東日本大震災復興前年度剰余金受入	—	11	—	11
脱炭素成長型経済構造移行推進前年度剰余金受入	—	924	—	924
計	225,138,987	11,267,615	△ 15,843,961	220,562,641
(歳 出)				
国 債 整 理 支 出	220,861,626	11,074,891	△ 15,784,197	216,152,320
復 興 債 整 理 支 出	3,364,033	190,724	△ 58,121	3,496,636
脱炭素成長型経済構造移行債整理支出	913,328	2,798	△ 2,441	913,685
計	225,138,987	11,268,413	△ 15,844,760	220,562,641

3 財政投融資特別会計

(1) 財政融資資金勘定

　財政融資資金の余裕金等を活用することに伴い、公債の発行額を減額することとし、公債金及び財政融資資金への繰入れの修正減少を行うとともに、既定経費の修正減少等を行うものである。

　この勘定の予算補正の大要は、次のとおりである。

(単位 百万円)

(歳 入)	当 初	補 正 追 加	補 正 修正減少	計
資 金 運 用 収 入	951,712	—	△ 274,184	677,528
公 債 金	10,000,000	—	△ 500,000	9,500,000
財政融資資金より受入	14,856,615	—	△ 2,000,000	12,856,615
積 立 金 よ り 受 入	33,695	—	△ 15,047	18,649
雑 収 入	54,920	1,201	△ 25,699	30,422
計	25,896,942	1,201	△ 2,814,930	23,083,214
(歳 出)				
財政融資資金へ繰入	10,000,000	—	△ 500,000	9,500,000
事 務 取 扱 費	7,333	69	△ 22	7,380
諸 支 出 金	435,554	—	△ 203,580	231,974
公債等事務取扱費一般会計へ繰入	46	—	—	46
国債整理基金特別会計へ繰入	15,453,960	—	△ 2,110,196	13,343,764

(単位　百万円)

（歳　出）	当　初	補　正 追　加	補　正 修正減少	計
予　備　費	50	―		50
計	25,896,942	69	△ 2,813,797	23,083,214

（2）投　資　勘　定

「国民の安心・安全と持続的な成長に向けた総合経済対策」の一環として、イノベーションを牽引するスタートアップを支援するため株式会社産業革新投資機構が行う地方のスタートアップへのリスクマネー供給の拡大に要する資金に充てるための出資等を追加するものである。また、「地方公共団体金融機構法」（平19法64）に基づき、地方公共団体金融機構から納付される納付金の受入見込額の修正減少を行うとともに、交付税及び譲与税配付金特別会計へ繰入に係る既定経費の修正減少を行うものである。

この勘定の予算補正の大要は、次のとおりである。

(単位　百万円)

（歳　入）	当　初	補　正 追　加	補　正 修正減少	計
運　用　収　入	612,770	88,646	△ 200,000	501,415
償　還　金　収　入	22,157	300	―	22,457
利　子　収　入	81	347	―	429
納　付　金	257,793	4,224	△ 200,000	62,016
配　当　金　収　入	230,609	83,420	―	314,029
出　資　回　収　金　収　入	102,130	354	―	102,484
雑　収　入	0	―	―	0
前年度剰余金受入	123,449	198,490	―	321,939
計	736,219	287,136	△ 200,000	823,355
（歳　　出）				
産　業　投　資　支　出	474,700	30,500	―	505,200
事　務　取　扱　費	883	―	―	883
一　般　会　計　へ　繰　入	30,536	―	―	30,536
地方公共団体金融機構納付金収入交付税及び譲与税配付金特別会計へ繰入	230,000	―	△ 200,000	30,000
国債整理基金特別会計へ繰入	0	―	―	0
予　備　費	100	―	―	100
計	736,219	30,500	△ 200,000	566,719

4　エネルギー対策特別会計

（1）エネルギー需給勘定

「国民の安心・安全と持続的な成長に向けた総合経済対策」の一環として、潜在成長率を高める国内投資を拡大するため必要な経費等の追加を行うものであって、その内訳は次のとおりである。

① 燃料安定供給対策費

追　　加　　　　　32,089(百万円)

上記の追加額は、液化天然ガスサプライチェーン強靱化支援事業等に必要な経費である。

② エネルギー需給構造高度化対策費

追　　　加　　　163,963(百万円)

上記の追加額は、クリーンエネルギー自動車の普及促進に向けた充電・充てんインフラ等導入促進事業等に必要な経費である。

③ 脱炭素成長型経済構造移行推進対策費

追　　　加　　　771,091(百万円)

上記の追加額は、蓄電池製造サプライチェーン強靱化支援事業等に必要な経費である。

④ 独立行政法人エネルギー・金属鉱物資源機構運営費

追　　　加　　　36,990(百万円)

上記の追加額は、先進的二酸化炭素回収・貯留支援事業等に必要な経費である。

⑤ 独立行政法人エネルギー・金属鉱物資源機構出資

追　　　加　　　10,000(百万円)

上記の追加額は、石油・天然ガス等のエネルギー安定供給実現事業に必要な経費である。

(単位　百万円)

(歳　入)	当　初	補　正 追　加	補　正 修正減少	計
燃料安定供給対策及エネルギー需給構造高度化対策財源一般会計より受入	476,089	196,961	—	673,050
脱炭素成長型経済構造移行推進一般会計より受入	—	33,203	—	33,203
脱炭素成長型経済構造移行公債金	663,281	737,888	—	1,401,169
石油証券及借入金収入	1,568,100	—	—	1,568,100
備蓄石油売払代	28,719	—	—	28,719
雑　収　入	69,619	—	—	69,619
脱炭素成長型経済構造移行推進雑収入	0	—	—	0
前年度剰余金受入	200,899	46,081	—	246,980
計	3,006,707	1,014,133	—	4,020,841
(歳　出)				
燃料安定供給対策費	276,752	32,089	—	308,841
エネルギー需給構造高度化対策費	281,894	163,963	—	445,857
脱炭素成長型経済構造移行推進対策費	386,412	771,091	—	1,157,503
国立研究開発法人新エネルギー・産業技術総合開発機構運営費	129,242	—	—	129,242
脱炭素成長型経済構造移行推進国立研究開発法人新エネルギー・産業技術総合開発機構運営費	41,000	—	—	41,000
独立行政法人エネルギー・金属鉱物資源機構運営費	36,408	36,990	—	73,399
独立行政法人エネルギー・金属鉱物資源機構出資	115,550	10,000	—	125,550
脱炭素成長型経済構造移行推進機構出資	120,000	—	—	120,000
事務取扱費	9,811	—	—	9,811

(単位 百万円)

(歳　　出)	当　初	補　正 追　加	補　正 修正減少	計
脱炭素成長型経済構造移行推進電源開発促進勘定へ繰入	56,310	—	—	56,310
諸　支　出　金	0	—	—	0
脱炭素成長型経済構造移行推進諸支出金	0	—	—	0
融通証券等事務取扱費一般会計へ繰入	0	—	—	0
脱炭素成長型経済構造移行推進公債事務取扱費一般会計へ繰入	11	—	—	11
国債整理基金特別会計へ繰入	1,491,099	—	—	1,491,099
脱炭素成長型経済構造移行推進国債整理基金特別会計へ繰入	59,548	—	—	59,548
予　備　費	2,670	—	—	2,670
計	3,006,707	1,014,133	—	4,020,841

（２）　電源開発促進勘定

「国民の安心・安全と持続的な成長に向けた総合経済対策」の一環として、潜在成長率を高める国内投資を拡大するため国立研究開発法人日本原子力研究開発機構における研究施設の高度化に必要な経費等の追加を行うものである。

この勘定の予算補正の大要は、次のとおりである。

(単位 百万円)

(歳　　入)	当　初	補　正 追　加	補　正 修正減少	計
電源立地対策財源一般会計より受入	162,005	—	—	162,005
電源利用対策財源一般会計より受入	108,968	37,702	△ 11,145	135,524
原子力安全規制対策財源一般会計より受入	42,860	7,487	—	50,347
脱炭素成長型経済構造移行推進エネルギー需給勘定より受入	56,310	—	—	56,310
雑　収　入	1,404	—	—	1,404
脱炭素成長型経済構造移行推進雑収入	0	—	—	0
前年度剰余金受入	18,534	—	—	18,534
計	390,081	45,189	△ 11,145	424,125
(歳　　出)				
電源立地対策費	170,771	—	—	170,771
電源利用対策費	16,634	833	—	17,467
脱炭素成長型経済構造移行推進対策費	56,310	—	—	56,310
原子力安全規制対策費	26,678	4,576	—	31,254

(単位　百万円)

（歳　出）	当　初	補　正 追　加	補　正 修正減少	計
国立研究開発法人日本原子力研究開発機構運営費	93,390	4,034	—	97,423
国立研究開発法人日本原子力研究開発機構施設整備費	—	21,690	—	21,690
事　務　取　扱　費	26,117	2,911	—	29,028
諸　　支　　出　　金	0	—	—	0
脱炭素成長型経済構造移行推進諸支出金	0	—	—	0
予　　　備　　　費	180	—	—	180
計	390,081	34,043		424,125

5　労働保険特別会計

（1）労災勘定

「国民の安心・安全と持続的な成長に向けた総合経済対策」の一環として、国民の安心・安全を確保するための未払賃金立替払に必要な経費等の追加を行うものである。

この勘定の予算補正の大要は、次のとおりである。

(単位　百万円)

（歳　入）	当　初	補　正 追　加	補　正 修正減少	計
他　勘　定　よ　り　受　入	956,688	—	—	956,688
一　般　会　計　よ　り　受　入	7	—	—	7
未　経　過　保　険　料　受　入	25,400	—	—	25,400
支　払　備　金　受　入	164,567	—	—	164,567
運　用　収　入	91,848	—	—	91,848
独立行政法人労働者健康安全機構納付金	732	—	—	732
雑　　収　　入	20,959	—	—	20,959
計	1,260,201	—	—	1,260,201
（歳　出）				
労　働　安　全　衛　生　対　策　費	24,198	—	—	24,198
保　険　給　付　費	770,764	—	—	770,764
職務上年金給付費年金特別会計へ繰入	5,413	—	—	5,413
職務上年金給付費等交付金	4,566	—	—	4,566
社会復帰促進等事業費	126,658	2,363	—	129,020
独立行政法人労働者健康安全機構運営費	12,180	—	—	12,180
独立行政法人労働者健康安全機構施設整備費	1,413	734	—	2,147
仕　事　生　活　調　和　推　進　費	10,755	—	—	10,755
中小企業退職金共済等事業費	1,443	—	—	1,443
独立行政法人労働政策研究・研修機構運営費	145	—	—	145

(単位 百万円)

(歳　出)	当　初	補　正 追加	補　正 修正減少	計
個別労働紛争対策費	1,806	—	—	1,806
業務取扱費	75,870	—	—	75,870
施設整備費	1,826	—	—	1,826
保険料返還金等徴収勘定へ繰入	50,764	—	—	50,764
予備費	2,300	—	—	2,300
計	1,090,103	3,097	—	1,093,199

(2) 雇用勘定

「国民の安心・安全と持続的な成長に向けた総合経済対策」の一環として、国民の安心・安全を確保するための雇用調整助成金の特例措置に必要な経費等の追加を行うものである。

この勘定の予算補正の大要は、次のとおりである。

(単位 百万円)

(歳　入)	当　初	補　正 追加	補　正 修正減少	計
他勘定より受入	3,236,079	—	—	3,236,079
一般会計より受入	132,327	—	—	132,327
運用収入	1	—	—	1
雑収入	45,800	4,951	—	50,751
前年度国庫負担金受入超過額受入	196,421	15,136	—	211,556
計	3,610,628	20,087	—	3,630,715

(歳　出)				
労使関係安定形成促進費	369	—	—	369
男女均等雇用対策費	23,081	—	—	23,081
中小企業退職金共済等事業費	5,953	—	—	5,953
独立行政法人勤労者退職金共済機構運営費	28	—	—	28
個別労働紛争対策費	2,041	—	—	2,041
職業紹介事業等実施費	86,477	—	—	86,477
地域雇用機会創出等対策費	141,103	443	—	141,547
高齢者等雇用安定・促進費	228,498	—	—	228,498
失業等給付費	1,271,501	—	—	1,271,501
育児休業給付費	855,524	—	—	855,524
就職支援法事業費	23,218	—	—	23,218
職業能力開発強化費	65,027	—	—	65,027
若年者等職業能力開発支援費	3,325	242	—	3,568
独立行政法人高齢・障害・求職者雇用支援機構運営費	72,253	—	—	72,253

(単位　百万円)

（歳　　出）	当　初	補　正 追　加	補　正 修正減少	計
独立行政法人高齢・障害・求職者雇用支援機構施設整備費	4,783	—	—	4,783
障害者職業能力開発支援費	1,596	—	—	1,596
技能継承・振興推進費	4,451	—	—	4,451
独立行政法人労働政策研究・研修機構運営費	1,908	—	—	1,908
業務取扱費	134,576	—	—	134,576
施設整備費	4,239	—	—	4,239
育児休業給付資金へ繰入	66,506	—	—	66,506
保険料返還金等徴収勘定へ繰入	24,084	—	—	24,084
防衛力強化一般会計へ繰入	196,421	20,087	—	216,507
予備費	55,000	—	—	55,000
計	3,271,963	20,772	—	3,292,735

6　年金特別会計

(1)　健康勘定

「特別会計に関する法律」（平19法23）に基づく借入金及び一時借入金の利子の支払財源に充てるための国債整理基金特別会計への繰入に必要な経費の追加を行うものである。

この勘定の予算補正の大要は、次のとおりである。

(単位　百万円)

（歳　　入）	当　初	補　正 追　加	補　正 修正減少	計
保険料収入	11,253,739	—	—	11,253,739
一般会計より受入	5,778	3,499	—	9,277
日雇拠出金収入	66	—	—	66
運用収入	0	—	—	0
業務勘定より受入	51	—	—	51
借入金	1,436,702	—	—	1,436,702
雑収入	13	—	—	13
前年度剰余金受入	104,545	—	—	104,545
計	12,800,894	3,499	—	12,804,393
（歳　　出）				
保険料等交付金	11,306,366	—	—	11,306,366
業務取扱費等業務勘定へ繰入	45,761	—	—	45,761
諸支出金	6,287	—	—	6,287
国債整理基金特別会計へ繰入	1,442,480	3,499	—	1,445,979
計	12,800,894	3,499	—	12,804,393

(2) 子ども・子育て支援勘定

「国民の安心・安全と持続的な成長に向けた総合経済対策」の一環として、国民の安心・安全を確保するための保育士・幼稚園教諭等の処遇改善に必要な経費等の追加を行うものである。また、既定経費の不用及び「特別会計に関する法律」（平19法23）に基づく5年度国庫負担金の精算に伴う受入超過額等の修正減少を行うものである。

この勘定の予算補正の大要は、次のとおりである。

(単位　百万円)

(歳　入)	当　初	補　正 追　加	補　正 修正減少	計
事業主拠出金収入	730,942	—	—	730,942
一般会計より受入	2,619,734	94,258	△　53,681	2,660,311
積立金より受入	103,457	52,921	—	156,377
子ども・子育て支援特例公債金	221,896	—	—	221,896
雑収入	10,368	—	—	10,368
前年度剰余金受入	70,853	98,574	—	169,426
計	3,757,249	245,753	△　53,681	3,949,320
(歳　出)				
児童手当等交付金	1,524,557	—	—	1,524,557
子ども・子育て支援推進費	1,762,298	115,109	—	1,877,407
地域子ども・子育て支援及仕事・子育て両立支援事業費	459,197	1,676	—	460,873
業務取扱費	4,091	75,394	△　108	79,378
諸支出金	417	—	—	417
子ども・子育て支援特例公債事務取扱費一般会計へ繰入	1	—	—	1
国債整理基金特別会計へ繰入	2,688	—	—	2,688
予備費	4,000	—	—	4,000
計	3,757,249	192,179	△　108	3,949,320

(3) 業務勘定

「国民の安心・安全と持続的な成長に向けた総合経済対策」の一環として、政府職員及び国民年金等事務職員の賃上げ環境の整備に必要な経費を追加するとともに、既定経費の不用に伴い、修正減少を行うものである。

この勘定の予算補正の大要は、次のとおりである。

(単位　百万円)

(歳　入)	当　初	補　正 追　加	補　正 修正減少	計
一般会計より受入	106,360	421	—	106,781
他勘定より受入	368,239	—	—	368,239

(単位　百万円)

（歳　入）	当　初	補　正 追　加	補　正 修正減少	計
特別保健福祉事業資金より受入	18	—	—	18
独立行政法人福祉医療機構納付金	42	—	—	42
雑　収　入	4,552	—	—	4,552
前年度剰余金受入	14,719	—	—	14,719
計	493,930	421	—	494,351
（歳　出）				
業務取扱費	41,941	606	△　185	42,362
社会保険オンラインシステム費	126,564	—	—	126,564
日本年金機構運営費	325,331	—	—	325,331
独立行政法人福祉医療機構納付金等相当財源健康勘定へ繰入	65	—	—	65
一般会計へ繰入	18	—	—	18
予　備　費	12	—	—	12
計	493,930	606	△　185	494,351

7　食料安定供給特別会計

（1）食糧管理勘定

主要食糧及び輸入飼料の買入代金の財源に充てるための食糧証券収入等の修正減少のほか、調整資金に充てるために要する一般会計より受入等の追加を行うものである。

この勘定の予算補正の大要は、次のとおりである。

(単位　百万円)

（歳　入）	当　初	補　正 追　加	補　正 修正減少	計
食糧売払代	584,946	1,325	—	586,272
輸入食糧納付金	502	—	—	502
一般会計より受入	132,180	20,000	—	152,180
食糧証券収入	399,600	—	△　131,880	267,720
雑　収　入	11,191	—	—	11,191
前年度剰余金受入	—	3,491	—	3,491
計	1,128,420	24,816	△　131,880	1,021,356
（歳　出）				
食糧買入費	615,181	—	—	615,181
食糧管理費	37,659	—	—	37,659
交付金等他勘定へ繰入	113,060	—	△　24	113,036
融通証券等事務取扱費一般会計へ繰入	0	—	—	0
国債整理基金特別会計へ繰入	280,520	—	△　107,040	173,480
予　備　費	82,000	—	—	82,000

(単位　百万円)

(歳　出)	当　初	補　正 追　加	補　正 修正減少	計
計	1,128,420	—	△　107,064	1,021,356

(2) 農業再保険勘定

既定経費の不用に伴い、事務取扱費業務勘定へ繰入等の修正減少を行うものである。

この勘定の予算補正の大要は、次のとおりである。

(単位　百万円)

(歳　入)	当　初	補　正 追　加	補　正 修正減少	計
農業再保険収入	60,205	—	△　15	60,190
再　保　険　料	795	—	—	795
一般会計より受入	53,899	—	△　15	53,884
前年度繰越資金受入	5,510	—	—	5,510
積立金より受入	39,242	—	—	39,242
雑　　収　　入	1	—	—	1
計	99,449	—	△　15	99,433
(歳　出)				
農業再保険費及交付金	80,338	—	—	80,338
事務取扱費業務勘定へ繰入	937	—	△　15	922
予　　備　　費	14,300	—	—	14,300
計	95,575	—	△　15	95,560

(3) 漁船再保険勘定

既定経費の不用に伴い、事務取扱費業務勘定へ繰入等の修正減少を行うものである。

この勘定の予算補正の大要は、次のとおりである。

(単位　百万円)

(歳　入)	当　初	補　正 追　加	補　正 修正減少	計
漁船再保険収入	7,966	—	△　3	7,964
再　保　険　料	0	—	—	0
一般会計より受入	6,909	—	△　3	6,907
前年度繰越資金受入	1,057	—	—	1,057
積立金より受入	84	—	—	84
雑　　収　　入	6	—	—	6
計	8,056	—	△　3	8,054
(歳　出)				
漁船再保険費及交付金	6,380	—	—	6,380
事務取扱費業務勘定へ繰入	538	—	△　3	535

(単位　百万円)

(歳　出)	当　初	補正 追　加	補正 修正減少	計
予　備　費	90	—	—	90
計	7,008	—	△3	7,005

(4) 漁業共済保険勘定

既定経費の不用に伴い、事務取扱費業務勘定へ繰入等の修正減少を行うものである。

この勘定の予算補正の大要は、次のとおりである。

(単位　百万円)

(歳　入)	当　初	補正 追　加	補正 修正減少	計
漁業共済保険収入	28,805	—	△1	28,805
保　険　料	0	—	—	0
一般会計より受入	12,382	—	△1	12,382
前年度繰越資金受入	16,423	—	—	16,423
雑　収　入	0	—	—	0
計	28,805	—	△1	28,805
(歳　出)				
漁業共済保険費及交付金	9,926	—	—	9,926
事務取扱費業務勘定へ繰入	116	—	△1	116
国債整理基金特別会計へ繰入	2,340	—	—	2,340
予　備　費	70	—	—	70
計	12,452	—	△1	12,452

(5) 業　務　勘　定

「国民の安心・安全と持続的な成長に向けた総合経済対策」の一環として行う政府職員の賃上げ環境の整備に必要な経費の追加のほか、既定経費の不用に伴い、事務取扱費等の修正減少を行うものである。

この勘定の予算補正の大要は、次のとおりである。

(単位　百万円)

(歳　入)	当　初	補正 追　加	補正 修正減少	計
他勘定より受入	23,415	—	△42	23,373
雑　収　入	0	1	—	1
計	23,415	1	△42	23,374
(歳　出)				
事　務　取　扱　費	23,265	4	△45	23,224
予　備　費	150	—	—	150
計	23,415	4	△45	23,374

(6) 国営土地改良事業勘定

既定経費の不用に伴い、土地改良事業工事諸費等の修正減少を行うものである。

この勘定の予算補正の大要は、次のとおりである。

(単位　百万円)

(歳入)	当初	補正		計
		追加	修正減少	
一般会計より受入	2,853	—	△43	2,810
土地改良事業費負担金収入	3,931	—	—	3,931
借入金	700	—	—	700
雑収入	64	—	—	64
前年度剰余金受入	23	—	—	23
計	7,571	—	△43	7,528
(歳出)				
土地改良事業費	2,982	—	—	2,982
土地改良事業工事諸費	478	—	△43	435
土地改良事業費負担金等収入一般会計へ繰入	709	—	—	709
東日本大震災復興土地改良事業費負担金等収入一般会計へ繰入	1	—	—	1
東日本大震災復興土地改良事業費負担金等収入東日本大震災復興特別会計へ繰入	26	—	—	26
国債整理基金特別会計へ繰入	3,194	—	—	3,194
予備費	180	—	—	180
計	7,571	—	△43	7,528

8　国有林野事業債務管理特別会計

既定経費の不用に伴い、国債整理基金特別会計へ繰入等の修正減少を行うものである。

この会計の予算補正の大要は、次のとおりである。

(単位　百万円)

(歳入)	当初	補正		計
		追加	修正減少	
一般会計より受入	25,815	—	△575	25,240
借入金	314,300	—	—	314,300
計	340,115	—	△575	339,540
(歳出)				
国債整理基金特別会計へ繰入	340,115	—	△575	339,540

9 特許特別会計

「国民の安心・安全と持続的な成長に向けた総合経済対策」の一環として、潜在成長率を高める国内投資を拡大するため行う特許等工業所有権に関する審査審判等の処理に必要な経費の追加を行うものである。

この会計の予算補正の大要は、次のとおりである。

(単位　百万円)

（歳　入）	当　初	補正 追加	補正 修正減少	計
特許印紙収入	3,177	—	—	3,177
特許料等収入	150,581	—	—	150,581
一般会計より受入	54	10	—	64
独立行政法人工業所有権情報・研修館納付金収入	4,012	—	—	4,012
雑収入	254	—	—	254
前年度剰余金受入	78,836	—	—	78,836
計	236,915	10	—	236,925
（歳　出）				
独立行政法人工業所有権情報・研修館運営費	11,554	—	—	11,554
事務取扱費	139,437	10	—	139,447
施設整備費	1,024	—	—	1,024
予備費	100	—	—	100
計	152,115	10	—	152,125

10 自動車安全特別会計

（1）自動車事故対策勘定

「国民の安心・安全と持続的な成長に向けた総合経済対策」の一環として、国民の安心・安全の確保を図るため、自動車事故発生防止に資する機器の導入の促進等に必要な経費の追加を行うものである。

この勘定の予算補正の大要は、次のとおりである。

(単位　百万円)

（歳　入）	当　初	補正 追加	補正 修正減少	計
賦課金収入	10,513	—	—	10,513
積立金より受入	2,659	—	—	2,659
一般会計より受入	6,500	3,500	—	10,000
償還金収入	462	—	—	462
雑収入	786	—	—	786
前年度剰余金受入	61,601	—	—	61,601
計	82,520	3,500	—	86,020
（歳　出）				
被害者保護増進等事業費	9,809	2,257	—	12,066
独立行政法人自動車事故対策機構運営費	9,658	736	—	10,395
独立行政法人自動車事故対策機構施設整備費	171	507	—	678

(単位 百万円)

(歳　　出)	当　初	補　正 追　加	補　正 修正減少	計
自動車損害賠償保障事業費	1,276	—	—	1,276
業務取扱費自動車検査登録勘定へ繰入	1,195	—	—	1,195
再保険及保険費	112	—	—	112
予備費	50	—	—	50
計	22,271	3,500	—	25,771

（2）自動車検査登録勘定

「国民の安心・安全と持続的な成長に向けた総合経済対策」の一環として行う政府職員の賃上げ環境の整備による業務取扱費等の追加のほか、既定経費の不用に伴い、業務取扱費の修正減少を行うものである。

この勘定の予算補正の大要は、次のとおりである。

(単位 百万円)

(歳　　入)	当　初	補　正 追　加	補　正 修正減少	計
検査登録印紙収入	22,488	—	—	22,488
検査登録手数料収入	15,247	—	—	15,247
一般会計より受入	265	4	—	269
他勘定より受入	1,195	—	—	1,195
雑収入	137	—	—	137
前年度剰余金受入	6,975	—	—	6,975
計	46,307	4	—	46,311
(歳　　出)				
独立行政法人自動車技術総合機構運営費	2,155	—	—	2,155
独立行政法人自動車技術総合機構施設整備費	1,831	—	—	1,831
業務取扱費	37,823	4	△1	37,827
施設整備費	1,687	—	—	1,687
予備費	100	—	—	100
計	43,596	4	△1	43,600

（3）空港整備勘定

「国民の安心・安全と持続的な成長に向けた総合経済対策」の一環として、国民の安心・安全を確保するため、空港整備事業に必要な経費の追加を行うとともに、空港整備事業に係る施設の整備の財源に充てるための借入金の追加を行うものである。

この勘定の予算補正の大要は、次のとおりである。

(単位　百万円)

(歳　入)	当　初	補正 追加	補正 修正減少	計
空港使用料収入	221,996	—	—	221,996
一般会計より受入	29,491	—	—	29,491
地方公共団体工事費負担金収入	8,771	14	—	8,785
借入金	36,000	4,800	—	40,800
償還金収入	9,169	—	—	9,169
受託工事納付金収入	92	—	—	92
空港等財産処分収入	160	—	—	160
雑収入	55,572	—	—	55,572
前年度剰余金受入	33,263	—	—	33,263
計	394,513	4,814	—	399,327
(歳　出)				
空港等維持運営費	156,058	—	—	156,058
空港整備事業費	141,505	3,615	—	145,120
北海道空港整備事業費	10,350	188	—	10,538
離島空港整備事業費	2,824	—	—	2,824
沖縄空港整備事業費	11,413	1,011	—	12,424
航空路整備事業費	26,608	—	—	26,608
成田国際空港等整備事業資金貸付金	10,100	—	—	10,100
空港等整備事業工事諸費	1,711	—	—	1,711
受託工事費	92	—	—	92
空港等災害復旧事業費	288	—	—	288
国債整理基金特別会計へ繰入	33,263	—	—	33,263
予備費	300	—	—	300
計	394,513	4,814	—	399,327

11　東日本大震災復興特別会計

　災害公営住宅家賃低廉化事業に必要な経費等及び復興債の償還費用の財源に充てるための国債整理基金特別会計への繰入れに必要な経費を追加するとともに、既定経費の不用等に伴う修正減少を行うものである。

　この会計の予算補正の大要は、次のとおりである。

(単位　百万円)

(歳　入)	当　初	補正 追加	補正 修正減少	計
復興特別所得税	376,000	46,300	—	422,300
一般会計より受入	5,721	10,911	—	16,631
特別会計より受入	26	—	—	26
復興公債金	146,100	—	△ 120,100	26,000
公共事業費負担金収入	22	—	—	22
雑収入	105,197	10,213	—	115,410
前年度剰余金受入	—	101,298	—	101,298
計	633,066	168,722	△ 120,100	681,688

(1) 歳　　　　入
① 復興特別所得税

補　　正　　　　　46,300(百万円)

復興特別所得税は、配当所得等に対する所得税額が増加するものと見込まれること等から、最近までの収入実績等を勘案して増加見込額を計上したものである。

② 一般会計より受入

補　　正　　　　　10,911(百万円)

一般会計より受入は、「特別会計に関する法律」(平19法23)等に基づく復興費用及び復興債の償還費用の財源に充てるため、一般会計の5年度の決算上の剰余金のうち10,410百万円及び一般会計の税外収入の受入実績による増加額501百万円を計上したものである。

③ 復 興 公 債 金

補　　正　　△　　120,100(百万円)

復興公債金は、「東日本大震災からの復興のための施策を実施するために必要な財源の確保に関する特別措置法」(平23法117)に基づく公債発行予定額の減少に伴う公債金収入の減少額を計上したものである。

④ 雑　　収　　入

補　　正　　　　　10,213(百万円)

雑収入は、「独立行政法人通則法」(平11法103)に基づき独立行政法人中小企業基盤整備機構から受け入れた出資回収金等の受入実績額を計上したものである。

⑤ 前年度剰余金受入

補　　正　　　　　101,298(百万円)

前年度剰余金受入は、「特別会計に関する法律」(平19法23)に基づく前年度の決算上の剰余金のうち、復興費用及び復興債の償還費用の財源に充てるための受入額を計上したものである。

(2) 歳　　　　出
① 災害公営住宅家賃低廉化事業

追　　加　　　　　　957(百万円)

上記の追加額は、災害公営住宅家賃低廉化事業の家賃低廉化に係る費用の増加に伴う予算の不足見込額に充てるために必要な経費である。

② 給与改善等に必要な経費

追　　加　　　　　　186(百万円)

上記の追加額の内訳は、次のとおりである。

(単位　百万円)

復 興 庁 共 通 費	83
環 境 省 共 通 費	103
東日本大震災復興国営追悼・祈念施設整備事業工事諸費	0
計	186

③ 復興債償還財源の国債整理基金特別会計へ繰入

追　　加　　　　　163,904(百万円)

上記の追加額は、「特別会計に関する法律」(平19法23)に基づく復興債の償還費用の財源に充てるための国債整理基金特別会計への繰入れに必要な経費である。

④ 既定経費の減額

修 正 減 少　　△　　116,426(百万円)

(イ) 復興加速化・福島再生予備費の減額

修 正 減 少　　△　　55,000(百万円)

既定の復興加速化・福島再生予備費を修正減少するものである。

(ロ) 既定経費の減額

修 正 減 少　　△　　61,426(百万円)

既定経費の不用額は61,426百万円である。このうち、復興債費に係るものは、23,131百万円である。

既定経費の不用に伴う修正減少額の所管別内訳は、次のとおりである。

(単位　百万円)

復　興　庁	△	38,295
財　務　省	△	23,131
計	△	61,426

12 国庫債務負担行為の追加

次のとおり、所要の国庫債務負担行為の追加を行うこととしている。

(単位 百万円)

	限度額
エネルギー対策特別会計	292,154
労働保険特別会計	7,660
自動車安全特別会計	3,774
計	303,588

第4 政府関係機関

株式会社日本政策金融公庫
　農林水産業者向け業務
　　災害や物価高により、厳しい経営状況に置かれている農林漁業者の資金繰り支援を行うため、借入金の限度額を723,500百万円から753,500百万円に改めることとする。

第5　財政投融資

　今回の予算補正においては、「国民の安心・安全と持続的な成長に向けた総合経済対策」を踏まえ、日本経済・地方経済の成長や、国民の安心・安全の確保等に資する取組を推進すべく、自動車安全特別会計（空港整備勘定）等11機関に対し、総額11,222億円の財政投融資計画の追加（財政融資10,660億円、産業投資305億円及び政府保証257億円）を行うこととしている。

1　運用

（1）　自動車安全特別会計（空港整備勘定）

　　羽田空港での航空機衝突事故を踏まえた滑走路誤進入に対する再発防止策等の空港インフラ整備を実施するため、事業費を48億円追加することとし、このために必要な資金として、財政投融資48億円を追加することとしている。

（2）　株式会社日本政策金融公庫

　　災害や物価高により、厳しい経営状況に置かれている農林漁業者の資金繰り支援を行うため、貸付規模を300億円追加することとし、このために必要な資金として、財政投融資300億円を追加することとしている。

（3）　株式会社国際協力銀行

　　グローバルサウス諸国のGX推進等の取組や我が国の地方中堅・中小企業の海外展開を支援するため、事業規模を1,000億円追加することとし、このために必要な資金として、財政投融資1,000億円を追加することとしている。

（4）　独立行政法人国際協力機構

　　ウクライナの財政・復興支援として円借款を供与するため、出融資規模を4,719億円追加することとし、このために必要な資金として自己資金等329億円を見込むほか、財政投融資4,390億円を追加することとしている。

（5）　独立行政法人福祉医療機構

　　建築資材やエネルギー価格の高騰等により、厳しい経営状況に置かれている福祉・医療事業者に対して資金繰り支援を行うため、貸付規模を188億円追加することとし、このために必要な資金として、財政投融資188億円を追加することとしている。

（6）　独立行政法人鉄道建設・運輸施設整備支援機構

　　物流GX推進等の海上輸送の効率化に向けた事業を支援するため、事業費を290億円追加することとし、このために必要な資金として、財政投融資290億円を追加することとしている。

（7）　株式会社日本政策投資銀行

　　地方創生施策の展開や成長力の強化に資する国内投資等を促進するため、出融資規模を3,200億円追加することとし、このために必要な資金として自己資金等100億円を見込むほか、財政投融資3,100億円を追加することとしている。

（8）　株式会社産業革新投資機構

　　地方の大学発スタートアップ等に対するリスクマネー供給を拡大するため、事業規模を350億円追加することとし、このために必要な資金として自己資金等245億円を見込むほか、財政投融資105億円を追加することとしている。

（9）　成田国際空港株式会社

　　航空ネットワークの維持・活性化に向けた空港受入環境整備等を推進するため、必要な資金として、財政投融資1,544億円を計上することとしている。

（10）　一般財団法人民間都市開発推進機構

　　民間事業者によって行われる都市開発事業を推進するため、事業規模を200億円追加することとし、このために必要な資金として、財政投融資200億円を追加することとしている。

（11）　中部国際空港株式会社

航空ネットワークの維持・活性化に向けた空港受入環境整備等を推進するため、必要な資金として、財政投融資57億円を追加することとしている。

2 原　資

今回の予算補正における財政投融資計画の追加に伴って必要となる原資は、総額11,222億円であり、この財源として、財政融資資金10,660億円、財政投融資特別会計投資勘定305億円及び政府保証国内債257億円を予定している。

なお、令和6年度財政投融資計画の改定の概要は、次のとおりである。

(単位　億円)

機関名	当初計画	補正	改定計画
自動車安全特別会計	360	48	408
株式会社日本政策金融公庫	40,075	300	40,375
株式会社国際協力銀行	11,040	1,000	12,040
独立行政法人国際協力機構	16,420	4,390	20,810
独立行政法人福祉医療機構	2,102	188	2,290
独立行政法人鉄道建設・運輸施設整備支援機構	671	290	961
株式会社日本政策投資銀行	7,350	3,100	10,450
株式会社産業革新投資機構	800	105	905
成田国際空港株式会社	—	1,544	1,544
一般財団法人民間都市開発推進機構	500	200	700
中部国際空港株式会社	235	57	292
小計	79,553	11,222	90,775
食料安定供給特別会計外21機関	53,823	—	53,823
合計	133,376	11,222	144,598

付　表

1　令和6年度一般会計歳入歳出予算補正(第1号)経常部門及び投資部門区分表

(単位　億円)

区　分	6年度成立予算額(A)	改6年度予算額(B)	比較増△減額(B-A)
Ⅰ　経　常　部　門			
(歳　　入)			
租税及印紙収入	695,785	734,055	38,270
税　外　収　入	68,926	85,448	16,522
公　債　金	288,700	324,800	36,100
前年度剰余金受入	—	15,595	15,595
小　　計	1,053,411	1,159,898	106,487
投資部門へ充当	△ 2,593	△ 5,324	△ 2,731
計	1,050,818	1,154,574	103,756
(歳　　出)			
一　般　経　費	1,030,818	1,134,574	103,756
原油価格・物価高騰対策及び賃上げ促進環境整備対応予備費	10,000	10,000	—
予　　備　　費	10,000	10,000	—
計	1,050,818	1,154,574	103,756
Ⅱ　投　資　部　門			
(歳　　入)			
租税及印紙収入	295	295	—
税　外　収　入	6,221	8,366	2,146
公　債　金	65,790	96,590	30,800
小　　計	72,306	105,251	32,946
経常部門から充当	2,593	5,324	2,731
計	74,899	110,575	35,677
(歳　　出)			
公共事業関係費、施設費等	74,899	110,575	35,677
Ⅲ　合　　計	1,125,717	1,265,150	139,433

(備考)　1　6年度の補正(第1号)後の公債金収入の総額は421,390億円であり、その内訳は次のとおりである。
　　　(1)　経常部門の「公債金」(324,800億円)は、「財政運営に必要な財源の確保を図るための公債の発行の特例に関する法律」(平24法101)第3条第1項の規定により発行する公債に係る公債金収入の見込額である。
　　　(2)　投資部門の「公債金」(96,590億円)は、「財政法」(昭22法34)第4条第1項ただし書の規定により発行する公債に係る公債金収入の見込額である。
　　2　「公共事業関係費、施設費等」には、出資金及び貸付金が含まれる。
　　3　成立予算額は、組替え掲記したので、第213回国会において成立した予算額とは符合しない。

(付) 投 資 部 門 歳 出 内 訳

(単位 億円)

区　分	6年度成立予算額(A)	改6年度予算額(B)	比較増△減額(B－A)
Ⅰ 公 共 事 業 費			
(イ) 公 共 事 業 関 係 費	60,194	83,627	23,433
特 定 財 源 見 合	6,404	8,549	2,146
財 政 法 公 債 対 象	53,790	75,078	21,288
(ロ) そ の 他 施 設 費	10,438	21,287	10,849
特 定 財 源 見 合	112	137	25
財 政 法 公 債 対 象	10,325	21,149	10,824
Ⅱ 出 資 金	3,082	4,447	1,365
(財 政 法 公 債 対 象)			
Ⅲ 貸 付 金	1,185	1,214	29
(財 政 法 公 債 対 象)			
Ⅳ 合 計	74,899	110,575	35,677
特 定 財 源 見 合	6,516	8,687	2,171
財 政 法 公 債 対 象	68,383	101,889	33,506

(備考) 1　6年度の補正(第1号)後の「財政法公債対象経費」101,889億円の内訳は、第2一般会計(B)歳入3公債金(38頁)の説明に掲げられているとおりである。

　　　2　上記の「公共事業関係費」の計数は、主要経費別分類の公共事業関係費の計数から、(1)経常部門の歳出としている住宅対策諸費(住宅建設事業調査費及び独立行政法人住宅金融支援機構出資金を除く。)及び民間都市開発推進機構補給金、(2)投資部門の「出資金」として整理している国立研究開発法人森林研究・整備機構出資金、独立行政法人住宅金融支援機構出資金及び独立行政法人日本高速道路保有・債務返済機構出資金並びに(3)投資部門の「貸付金」として整理している都市開発資金貸付金、電線敷設工事資金貸付金、自動運行補助施設設置工事資金貸付金、埠頭整備等資金貸付金、港湾開発資金貸付金、特定連絡道路工事資金貸付金、有料道路整備資金貸付金及び連続立体交差事業資金貸付金の計数を控除したものである。

　　　3　「公共事業関係費」の「特定財源見合」の計数は、(1)航空機燃料税財源見合の空港整備事業費、(2)公共事業費負担金相当額、(3)受託工事収入人件費等相当額、(4)附帯工事費負担金人件費等相当額及び(5)河川管理費人件費等相当額の合計額である。

　　　4　「その他施設費」の「特定財源見合」の計数は、電波利用料財源見合の施設整備費相当額である。

　　　5　成立予算額は、組替え掲記したので、第213回国会において成立した予算額とは符合しない。

2 令和6年度一般会計歳入歳出予算補正(第1号)額調

(1) 歳入予算補正区分表

(単位 千円)

区　　　分	6年度成立予算額	補　正　額			改6年度予算額
		追　加　額	修正減少額	差　引　額	
租税及印紙収入	69,608,000,000	3,827,000,000	—	3,827,000,000	73,435,000,000
官業益金及官業収入	55,346,775	—	—	—	55,346,775
政府資産整理収入	229,410,060	18,287,596	—	18,287,596	247,697,656
雑　　収　　入	7,229,931,587	1,848,865,406	△　358,148	1,848,507,258	9,078,438,845
公　　債　　金	35,449,000,000	6,690,000,000	—	6,690,000,000	42,139,000,000
前年度剰余金受入	—	1,559,490,450	—	1,559,490,450	1,559,490,450
計	112,571,688,422	13,943,643,452	△　358,148	13,943,285,304	126,514,973,726

(2) 歳出予算補正主要経費別表

(単位 千円)

事　　項	6年度成立予算額	補　正　額			改6年度予算額
		追　加　額	修正減少額	差　引　額	
社会保障関係費					
1　年金給付費	13,401,996,871	—	—	—	13,401,996,871
2　医療給付費	12,236,598,864	20,419,536	△　5,355,345	15,064,191	12,251,663,055
3　介護給付費	3,718,779,150	—	△　4,027,527	△　4,027,527	3,714,751,623
4　少子化対策費	3,382,304,118	70,875,131	△　50,266,644	20,608,487	3,402,912,605
5　生活扶助等社会福祉費	4,491,222,080	555,381,245	△　7,957,470	547,423,775	5,038,645,855
6　保健衛生対策費	444,403,869	313,253,063	690,875	312,562,188	756,966,057
7　雇用労災対策費	43,996,433	35,593,781	△　4,296	35,589,485	79,585,918
計	37,719,301,385	995,522,756	△　68,302,157	927,220,599	38,646,521,984
文教及び科学振興費					
1　義務教育費国庫負担金	1,562,712,000	63,325,771	—	63,325,771	1,626,037,771
2　科学技術振興費	1,409,224,017	823,176,381	△　785,812	822,390,569	2,231,614,586
3　文教施設費	73,217,207	229,073,228	—	229,073,228	302,290,435
4　教育振興助成費	2,308,618,529	127,537,813	—	127,537,813	2,436,156,342
5　育英事業費	117,845,786	3,025,057	△　4,070	3,020,987	120,866,773
計	5,471,617,539	1,246,138,250	△　789,882	1,245,348,368	6,716,965,907
国　債　費	27,009,019,191	425,891,061	△1,526,767,428	△1,100,876,367	25,908,142,824
恩給関係費	77,130,267	598,040	△　162,441	435,599	77,565,866
地方交付税交付金	16,654,311,115	1,832,442,702	—	1,832,442,702	18,486,753,817
地方特例交付金	1,132,000,000	1,234,252	—	1,234,252	1,133,234,252
防衛関係費	7,917,176,714	936,395,087	△　3,547,968	932,847,119	8,850,023,833
下記繰入れ除く	7,917,176,714	826,785,527	△　3,547,968	823,237,559	8,740,414,273
防衛力強化資金繰入れ	—	109,609,560	—	109,609,560	109,609,560
公共事業関係費					
1　治山治水対策事業費	954,832,000	369,795,877	△　320,561	369,475,316	1,324,307,316

(単位 千円)

事項	6年度成立予算額	補正額				改6年度予算額
		追加額		修正減少額	差引額	
2 道路整備事業費	1,671,492,000	395,603,065	△	372,214	395,230,851	2,066,722,851
3 港湾空港鉄道等整備事業費	403,734,000	106,015,998	△	258,879	105,757,119	509,491,119
4 住宅都市環境整備事業費	730,304,000	230,470,315	△	84,643	230,385,672	960,689,672
5 公園水道廃棄物処理等施設整備費	196,806,000	97,150,896	△	72,191	97,078,705	293,884,705
6 農林水産基盤整備事業費	607,968,000	286,693,451	△	414,664	286,278,787	894,246,787
7 社会資本総合整備事業費	1,377,105,000	411,752,458		—	411,752,458	1,788,857,458
8 推進費等	62,338,000	9,346,940		—	9,346,940	71,684,940
小計	6,004,579,000	1,906,829,000	△	1,523,152	1,905,305,848	7,909,884,848
9 災害復旧等事業費	78,171,000	443,722,000		—	443,722,000	521,893,000
計	6,082,750,000	2,350,551,000	△	1,523,152	2,349,027,848	8,431,777,848
経済協力費	504,106,097	237,405,844	△	181,163	237,224,681	741,330,778
中小企業対策費	169,316,048	589,884,515	△	54,786	589,829,729	759,145,777
エネルギー対策費	832,920,713	1,583,671,083	△	11,145,311	1,572,525,772	2,405,446,485
食料安定供給関係費	1,261,795,735	465,185,512	△	1,052,333	464,133,179	1,725,928,914
その他の事項経費	5,740,243,618	4,908,635,625	△	16,743,802	4,891,891,823	10,632,135,441
皇室費	10,141,535	254,004		—	254,004	10,395,539
国会	128,887,134	5,138,049	△	337,564	4,800,485	133,687,619
裁判所	330,979,009	23,924,928	△	454,559	23,470,369	354,449,378
会計検査院	16,282,621	412,040	△	343,552	68,488	16,351,109
内閣	108,735,345	71,564,444	△	415,839	71,148,605	179,883,950
内閣府	664,761,863	1,965,762,324	△	1,329,787	1,964,432,537	2,629,194,400
デジタル庁	496,407,038	211,905,612	△	2,548,949	209,356,663	705,763,701
総務省	281,329,569	230,527,199	△	810,303	229,716,896	511,046,465
法務省	740,479,227	69,272,770	△	2,119,928	67,152,842	807,632,069
外務省	341,095,084	53,126,213	△	1,011,749	52,114,464	393,209,548
財務省	1,045,631,447	161,672,332	△	1,033,203	160,639,129	1,206,270,576
文部科学省	212,747,487	59,024,781	△	188,631	58,836,150	271,583,637
厚生労働省	234,953,695	83,768,128	△	1,414,842	82,353,286	317,306,981
農林水産省	213,577,864	3,665,220	△	2,654,831	1,010,389	214,588,253
経済産業省	123,377,034	1,581,859,352	△	818,785	1,581,040,567	1,704,417,601
国土交通省	706,030,848	303,698,846	△	1,136,263	302,562,583	1,008,593,431
環境省	84,826,818	83,059,383	△	125,017	82,934,366	167,761,184
原油価格・物価高騰対策及び賃上げ促進環境整備対応予備費	1,000,000,000	—		—	—	1,000,000,000
予備費	1,000,000,000	—		—	—	1,000,000,000
合計	112,571,688,422	15,573,555,727	△	1,630,270,423	13,943,285,304	126,514,973,726

(3) 歳出予算補正所管別表

(単位 千円)

所管別	6年度成立予算額	補正額			改6年度予算額
		追加額	修正減少額	差引額	
皇室費	10,141,535	254,004	—	254,004	10,395,539
国会	129,977,426	5,138,049	△ 337,564	4,800,485	134,777,911
裁判所	330,979,009	23,924,928	△ 454,559	23,470,369	354,449,378
会計検査院	16,282,621	412,040	△ 343,552	68,488	16,351,109
内閣	111,459,939	71,564,444	△ 415,839	71,148,605	182,608,544
内閣府	5,067,112,425	2,356,932,667	△ 55,226,756	2,301,705,911	7,368,818,336
デジタル庁	496,407,038	211,905,612	△ 2,548,949	209,356,663	705,763,701
総務省	18,210,671,996	2,169,122,969	△ 890,873	2,168,232,096	20,378,904,092
法務省	740,479,227	69,272,770	△ 2,119,928	67,152,842	807,632,069
外務省	725,715,593	208,051,938	△ 1,011,749	207,040,189	932,755,782
財務省	30,277,723,415	753,966,137	△1,527,881,313	△ 773,915,176	29,503,808,239
文部科学省	5,338,440,212	899,446,109	△ 364,035	899,082,074	6,237,522,286
厚生労働省	33,819,068,928	813,294,397	△ 16,612,809	796,681,588	34,615,750,516
農林水産省	2,093,344,256	785,284,210	△ 4,092,598	781,191,612	2,874,535,868
経済産業省	869,511,554	3,878,904,926	△ 12,022,176	3,866,882,750	4,736,394,304
国土交通省	6,096,484,115	2,265,408,504	△ 2,237,747	2,263,170,757	8,359,654,872
環境省	320,712,419	233,886,496	△ 162,008	233,724,488	554,436,907
防衛省	7,917,176,714	826,785,527	△ 3,547,968	823,237,559	8,740,414,273
合計	112,571,688,422	15,573,555,727	△1,630,270,423	13,943,285,304	126,514,973,726

3 令和6年度特別会計歳入歳出予算補正(特第1号)額調

(単位 千円)

会計名	6年度成立予算額	補正額 追加額	補正額 修正減少額	補正額 差引額	改6年度予算額
交付税及び譲与税配付金					
歳入	52,573,709,171	2,473,791,349	△200,000,000	2,273,791,349	54,847,500,520
歳出	51,867,147,211	2,261,891,349	—	2,261,891,349	54,129,038,560
国債整理基金					
歳入	225,138,987,191	11,267,614,916	△15,843,961,161	△4,576,346,245	220,562,640,946
歳出	225,138,987,191	11,268,413,364	△15,844,759,609	△4,576,346,245	220,562,640,946
財政投融資					
財政融資資金勘定					
歳入	25,896,942,463	1,201,443	△2,814,929,955	△2,813,728,512	23,083,213,951
歳出	25,896,942,463	68,630	△2,813,797,142	△2,813,728,512	23,083,213,951
投資勘定					
歳入	736,218,929	287,135,660	△200,000,000	87,135,660	823,354,589
歳出	736,218,929	30,500,000	△200,000,000	△169,500,000	566,718,929
特定国有財産整備勘定					
歳入	51,926,765	—	—	—	51,926,765
歳出	8,267,084	—	—	—	8,267,084
エネルギー対策					
エネルギー需給勘定					
歳入	3,006,707,322	1,014,133,243	—	1,014,133,243	4,020,840,565
歳出	3,006,707,322	1,014,133,243	—	1,014,133,243	4,020,840,565
電源開発促進勘定					
歳入	390,081,350	45,188,504	△11,145,311	34,043,193	424,124,543
歳出	390,081,350	34,043,193	—	34,043,193	424,124,543
原子力損害賠償支援勘定					
歳入	12,599,062,972	—	—	—	12,599,062,972
歳出	12,599,062,972	—	—	—	12,599,062,972
労働保険					
労災勘定					
歳入	1,260,201,381	—	—	—	1,260,201,381
歳出	1,090,102,586	3,096,734	—	3,096,734	1,093,199,320
雇用勘定					
歳入	3,610,628,484	20,086,732	—	20,086,732	3,630,715,216
歳出	3,271,962,877	20,772,436	—	20,772,436	3,292,735,313
徴収勘定					
歳入	4,280,263,387	—	—	—	4,280,263,387
歳出	4,280,263,387	—	—	—	4,280,263,387
年金					
健康勘定					
歳入	12,800,894,320	3,498,992	—	3,498,992	12,804,393,312
歳出	12,800,894,320	3,498,992	—	3,498,992	12,804,393,312
子ども・子育て支援勘定					
歳入	3,757,248,961	245,752,588	△53,681,339	192,071,249	3,949,320,210
歳出	3,757,248,961	192,179,046	△107,797	192,071,249	3,949,320,210

(単位　千円)

会計名	6年度成立予算額	補正額 追加額	修正減少額	差引額	改6年度予算額
業務勘定					
歳　入	493,929,811	421,124	—	421,124	494,350,935
歳　出	493,929,811	605,810	△184,686	421,124	494,350,935
その他の勘定					
歳　入	86,166,297,877	—	—	—	86,166,297,877
歳　出	86,166,297,877	—	—	—	86,166,297,877
食料安定供給					
食糧管理勘定					
歳　入	1,128,420,077	24,816,128	△131,880,000	△107,063,872	1,021,356,205
歳　出	1,128,420,077	—	△107,063,872	△107,063,872	1,021,356,205
農業再保険勘定					
歳　入	99,448,728	—	△15,323	△15,323	99,433,405
歳　出	95,575,047	—	△15,323	△15,323	95,559,724
漁船再保険勘定					
歳　入	8,056,455	—	△2,505	△2,505	8,053,950
歳　出	7,007,706	—	△2,505	△2,505	7,005,201
漁業共済保険勘定					
歳　入	28,805,139	—	△585	△585	28,804,554
歳　出	12,452,264	—	△585	△585	12,451,679
業務勘定					
歳　入	23,415,089	920	△42,121	△41,201	23,373,888
歳　出	23,415,089	4,036	△45,237	△41,201	23,373,888
国営土地改良事業勘定					
歳　入	7,570,610	—	△42,604	△42,604	7,528,006
歳　出	7,570,610	—	△42,604	△42,604	7,528,006
農業経営安定勘定					
歳　入	241,376,484	—	—	—	241,376,484
歳　出	241,376,484	—	—	—	241,376,484
国有林野事業債務管理					
歳　入	340,114,714	—	△574,594	△574,594	339,540,120
歳　出	340,114,714	—	△574,594	△574,594	339,540,120
特　許					
歳　入	236,915,240	10,000	—	10,000	236,925,240
歳　出	152,115,252	10,000	—	10,000	152,125,252
自動車安全					
自動車事故対策勘定					
歳　入	82,519,914	3,500,000	—	3,500,000	86,019,914
歳　出	22,271,264	3,500,000	—	3,500,000	25,771,264
自動車検査登録勘定					
歳　入	46,307,118	3,587	—	3,587	46,310,705
歳　出	43,596,494	4,130	△543	3,587	43,600,081
空港整備勘定					
歳　入	394,513,252	4,813,666	—	4,813,666	399,326,918
歳　出	394,513,252	4,813,666	—	4,813,666	399,326,918

(単位 千円)

会計名	6年度成立予算額	補正額			改6年度予算額
		追加額	修正減少額	差引額	
東日本大震災復興					
歳　入	633,065,690	168,721,913	△ 120,100,000	48,621,913	681,687,603
歳　出	633,065,690	165,047,524	△ 116,425,611	48,621,913	681,687,603

4 消費税の収入(国分)及び消費税の収入(国分)が充てられる経費

(単位 億円)

区分	改6年度予算額
(歳入)	
消費税の収入(国分)	195,961
(歳出)	
年金	140,226
医療	122,517
介護	37,148
少子化対策	34,208
合計	334,098

(注)　「消費税の収入(国分)」の金額は、消費税の収入から地方交付税交付金(法定率分)に相当する金額を除いた金額であり、6年度における消費税の収入の予算額の 80.5/100 に相当する金額である。